职业教育财经商贸类专业教材

会 计 基 础

主 编 侯健英 刘幸福

中国财富出版社

图书在版编目（CIP）数据

会计基础／侯健英，刘幸福主编．—北京：中国财富出版社，2020.6

（职业教育财经商贸类专业教材）

ISBN 978－7－5047－7003－5

Ⅰ．①会…　Ⅱ．①侯…②刘…　Ⅲ．①会计学—中等专业学校—教材　Ⅳ．①F230

中国版本图书馆CIP数据核字（2019）第274487号

策划编辑　李彩琴　　**责任编辑**　戴海林　孟　婷

责任印制　尚立业　　**责任校对**　杨小静　　**责任发行**　杨　江

出版发行　中国财富出版社

社　　址　北京市丰台区南四环西路188号5区20楼　　**邮政编码**　100070

电　　话　010－52227588转2098（发行部）　　010－52227588转321（总编室）

010－52227588转100（读者服务部）　　010－52227588转305（质检部）

网　　址　http://www.cfpress.com.cn

经　　销　新华书店

印　　刷　天津市仁浩印刷有限公司

书　　号　ISBN 978－7－5047－7003－5/F·3196

开　　本　787mm×1092mm　1/16　　**版　　次**　2020年9月第1版

印　　张　11.25　　**印　　次**　2020年9月第1次印刷

字　　数　246千字　　**定　　价**　42.00元

编 委 会

前　言

本书依照财政部发布的《企业会计准则》编写，适用于现代职业教育财经商贸专业。同时，本书也是一本为了进一步贯彻落实国家中长期教育改革和发展规划纲要，积极实施《中等职业教育改革创新行动计划（2010—2012 年）》，推进职业教育会计专业改革创新教材建设而编写的中等职业学校财经类专业系列教材。

本书编写的宗旨是与时俱进、开拓创新。立足于“学中做，做中学”的同时，注重实训与案例教学，培养学生岗位实务操作能力，推进课程内容与职业标准对接。本书紧扣大纲要求，条理清晰，结构严谨，实例新颖，通俗易懂，可读性强，注重实际技能和职业能力的培养，具有较强的实用性。在编排上有较多的创新点，也借鉴与参考了大量文献，在此表示衷心的感谢。

本书由侯健英、刘幸福主编，具体分工：李婉珍、覃柳红编写第一章；侯健英、韦锋、刘幸福编写第二章、第四章；蒙萍、徐春调、陈美玲编写第三章、第五章；卓小莉、翁守达、李自珍编写第六章、第九章；黄春华、余源、黎珊仪编写第七章、第八章。其余副主编参与相关编写核对工作，并有其他企业会计专家指导。由于时间仓促，编者水平有限，书中难免有疏漏之处，望广大读者批评指正。

编　者

2020 年 4 月

目 录

第一章 总论

第一节 会计概述

一、会计的概念及特征

（一）会计的概念

会计是以货币为主要计量单位，以凭证为依据，借助会计的专门技术方法，对一定主体的经济过程及其结果进行全面、综合、连续、系统的核算与监督，并向有关方面提供真实可靠会计信息的一种经济管理活动。

我们要从以下四个方面来理解会计的概念：其一，会计以货币为主要计量单位，但货币并不是唯一的计量单位，会计核算还可以使用实物量度、时间量度作为辅助手段；其二，会计的主要职能是核算和监督，即对发生的经济业务以会计语言进行描述，并在此过程中对经济业务的合法性和合理性进行审查；其三，会计的对象是特定的一个单位的经济活动，而不是多个单位的经济活动；其四，会计是一项经济管理活动或一个经济信息系统，不是行政管理活动，属于管理的范畴。

（二）会计的基本特征

1. 以货币为主要计量单位

会计要反映和监督会计内容，需要运用多种计量单位，包括实物量（如千克、件等），劳动量（如工时）和货币量，且以货币量为主。运用实物量和劳动量能够具体反映各项财产物资的增减变动和生产过程中的劳动消耗，对核算和经济管理都是必要的。但这两种量度都不能综合反映会计的内容，而综合性是会计的一个特点。会计以货币作为综合计量单位，通过会计的记录就可以全面、系统地反映和监督单位的财产物资、财务收支、生产过程中的劳动消耗和成果，并计算出最终财务成果。因此，会计对经济活动过程中使用的财产物资发生的劳动耗费及劳动成果等除了运用实物量和劳动量进行记录外，还必须以货币作为主要计量单位，进行系统地记录、计算、分析和考核，才能达到加强经济管理的目的。

2. 按一系列专门的会计方法对经济活动进行反映

会计在对经济活动进行核算、监督和分析时，形成了一整套有别于其他工作的独特方法，即会计方法。

会计方法是指完成会计工作任务、实现会计核算与监督职能的手段。会计方法体系一般包括会计核算方法、会计分析方法、会计检查方法等。会计核算方法是会计方法体系中最基本、最主要的方法，是其他各种方法的基础，是指以统一的货币单位为量度标准，连续、系统、完整地对会计对象进行确认、计量、记录、计算和核算的方法。会计核算方法主要包括以下几个方面。

（1）设置会计科目。设置会计科目是对会计对象的具体内容分类进行核算的方法。设置会计科目就是通过会计制度预先规定这些项目，然后根据它们在账簿中开立账户，分类、连续地记录各项经济业务，反映由于各经济业务的发生而引起的各会计要素的增减变动情况和结果，为经济管理提供各种类型的会计指标。

（2）复式记账。复式记账是与单式记账相对应的一种记账方法。这种方法的特点是对每一项经济业务都要以相等的金额，同时记入两个或两个以上的有关账户。通过复式记账中账户的对应关系，可以了解有关经济业务内容的来龙去脉；通过账户的平衡关系，可以检查有关业务的记录是否正确。

（3）填制与审核凭证。填制与审核凭证是初步记录经济业务，并保证经济业务合理性和合法性所使用的专门方法。会计凭证是记录经济业务、明确经济责任的书面证明，是登记账簿的依据。凭证必须经过会计部门审核。只有经过审核并认为正确无误的会计凭证，才能作为记账的依据。填制和审核凭证，不仅为经济管理提供真实可靠的数据资料，也是实行会计监督的一个重要方面。

（4）登记账簿。账簿是用来全面、连续、系统地记录各项经济业务的簿籍，是保存会计数据资料的重要工具。登记账簿就是将会计凭证记录的经济业务，序时、分类地记入有关簿籍中设置的各个账户。登记账簿必须以凭证为依据，并定期进行结账、对账，以便为编制会计报表提供完整而系统的会计数据。

（5）成本计算。成本计算是指在生产经营过程中，按照一定对象归集和分配发生的各种费用支出，以确定该对象的总成本和单位成本的一种专门方法。通过成本计算，可以确定材料的采购成本、产品的生产成本和销售成本，可以反映和监督生产经营过程中发生的各项费用是否节约或超支，并据以确定企业经营盈亏。

（6）财产清查。财产清查是指通过盘点实物、核对账目，保持账实相符的一种方法，通过财产清查，可以查明各项财产物资和货币资金的保管和使用情况，以及往来款项的结算情况，监督各类财产物资的安全与合理使用。

（7）会计报表分析与利用。会计报表是根据账簿记录定期编制的、总括反映单位特定时点（月末、季末、年末）和一定时期（月、季、年）财务状况、经营成果以及成本费用等的书面文件。会计报表提供的资料，不仅是分析、考核财务成本计划和预算执行情况及编制下期财务成本计划和预算的重要依据，也是进行经济决策和国民经济综合平衡工作必要的参考资料。

会计核算方法体系如图 1－1 所示。

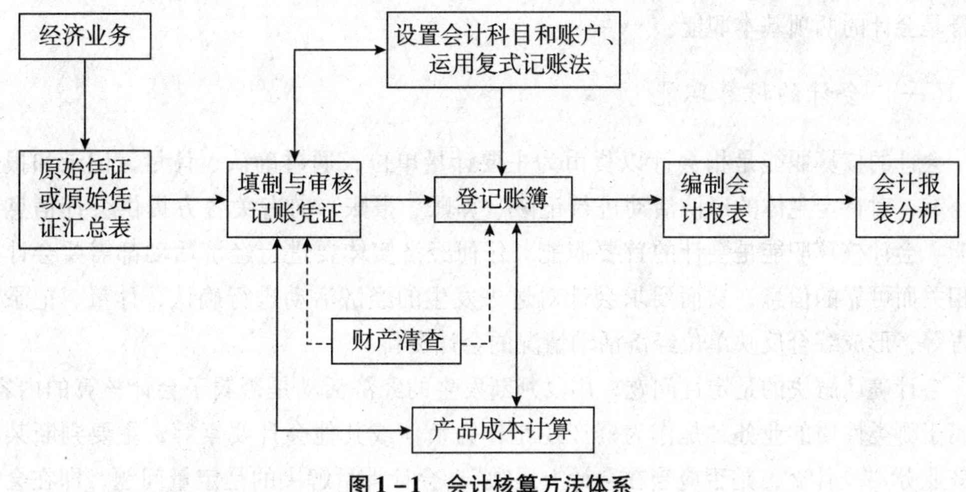

图 1－1　会计核算方法体系

3. 会计具有核算和监督的基本职能

会计的基本职能是对经济活动进行核算和监督。一方面要按照会计法规制度的要求，对经济活动进行确认、计量、记录和报告，为经济管理收集、处理、存储和输送各种会计信息；另一方面要对特定主体的经济活动的合法性、合理性进行考核与评价，并采取措施，施加一定的影响，以实现预期的目标。所以，会计核算是会计工作的基础，会计监督是会计工作质量的保证，会计核算和监督贯穿于会计工作的全过程，是会计工作最基本的职能，也是会计管理活动的重要表现形式。

4. 会计的本质就是管理活动

会计产生于人们管理社会生产和经济事务的过程，不仅为管理提供各种数据资料，还通过各种方式直接进行管理，如为了实现经营目标而参与经营方案的选择、经营计划的制订、经营活动的控制和评价等。

会计是经济管理的重要组成部分，是适应人类的生产实践和经济管理的客观需要而产生、发展和完善起来的。因此，会计绝不能仅局限于记账、算账和报账。会计与经济社会密切相关，并随着经济社会的发展而发展。在市场经济条件下，企业间竞争日趋激烈，企业为了生存和发展，必须为自身的经济活动制订科学可行的计划。因此，会计在核算和监督单位经济活动的同时，必须提供有关计划和预算完成情况的数据资料，并分析其完成或未完成的原因，以便采取措施，改进工作。如果会计核算资料表明计划指标严重脱离实际，或者实际情况与预计的情况有较大的变动，应及时调整计划或预算，使其更有效地指导实际，由此可见，通过会计可以加强经济管理，使单位的经济活动达到预期的目标。

二、会计的基本职能

会计的职能是指会计在经济管理过程中所具有的功能。进行会计核算和实施会计监督是会计的两项基本职能。

（一）会计的核算职能

会计的核算职能是指会计以货币为主要计量单位，通过确认、计量、记录和报告等环节，对特定主体的经济活动进行记账、算账、报账，向有关各方提供会计信息的功能。会计核算职能是会计的首要职能。任何经济实体要进行经济活动都需要会计提供相关而可靠的信息，从而要求会计对过去发生的经济活动进行确认、计量、记录和报告等，形成综合反映单位经济活动情况的会计资料。

会计确认解决的是定性问题，用以判断发生的经济活动是否属于会计核算的内容、归属于哪类性质的业务，是作为资产还是作为负债或其他会计要素等，主要判断某项经济业务“是什么，是否应当在会计上反映”；会计计量解决的是定量问题，即在会计确认的基础上确定具体金额，解决某项经济业务事项在会计上“反映多少”的问题；会计记录是通过会计的专门方法按照上述确定的金额将发生的经济活动在会计特有的载体上进行登记的工作，即主要解决某项经济业务事项在会计上“如何登记”的问题；会计报告是确认和计量的结果，即通过报告，将确认、计量和记录结果进行归纳和整理，以财务报告的形式提供给信息使用者。

（二）会计的监督职能

会计的监督职能指会计人员在进行会计核算的同时，对特定主体经济活动的合法性、合理性和会计资料的真实性所实施的审查。合法性审查是针对各项经济业务是否遵守国家有关法律法规，是否执行国家各项方针政策等情况的审查，以杜绝违反法律法规的行为；合理性审查指对各项经济业务是否符合经济运行的客观规律和单位的内部控制制度要求、是否执行了单位的财务收支计划、是否有利于经营目标或预算目标的实现等进行的审查，为单位增收节支、提高经济和社会效益把关；真实性是指检查各项会计核算是否根据实际发生的经济业务进行。

会计监督主要通过价值指标来进行。会计核算通过价值指标综合地反映经济活动的过程及其结果，会计监督的主要依据就是这些价值指标。会计监督通过价值指标可以全面、及时、有效地控制各主体的经济活动。会计监督是对经济活动进行事前、事中和事后监督。事前监督是在经济活动开始前进行的监督，即审查未来的经济活动是否符合有关法令、政策的规定，是否符合商品经济规律的要求，在经济上是否可靠；事中监督是对正在发生的经济活动过程及取得的核算资料进行审查并以此纠正经济活动进程中的偏差和失误，促使有关部门合理组织经济活动，保证其按照预定的目标及规定的要求进行，发挥控制经济活动进程的作用；事后监督是对已经发生的经济活动以及相应的核算资料进行的审查和分析。

（三）会计核算职能与监督职能的关系

会计核算与会计监督两大基本职能关系密切、相辅相成。对经济活动进行会计核算的过程，也是实行会计监督的过程。会计核算是会计监督的基础，没有会计核算提供的数据资料，会计监督就没有了客观依据；会计监督又是会计核算质量的保障，如果只有会计核算而不进行会计监督，就难以保证会计核算所提供信息的真实性和可靠性，就不能发挥会计在经济管理中的作用。会计除了上述基本职能外，还具有预测经济前景、参与经济决策、评价经营业绩等职能。

三、会计对象和会计核算的具体内容

（一）会计对象

会计对象是指会计核算和监督的内容，即会计工作的客体。凡是特定主体能够以货币表现的经济活动都是会计的对象。在我国，虽然企业、政府及非营利组织的经营活动方式有所不同，但它们的财产物资都是以货币形式表现出来的，并在生产经营和收支活动中不断发生变化，以货币表现的经济活动，通常又称为资金运动或价值运动。会计核算和监督的内容即会计对象就是资金运动。资金运动是指资金从货币资金形态出发，经过循环周转，最终又回到货币资金形态的过程。它包括资金投入、资金运用、资金退出过程，而具体到企业、政府及非营利组织又有较大差异。即使同样是企业，产品制造企业、商品流通企业、交通运输业、建筑业及金融业等也均有各自资金运动的特点。下面着重介绍产品制造企业的资金运动。

产品制造企业是从事产品生产和销售的营利性经济组织。为了从事产品的生产与销售活动，企业必须拥有一定数量的资金，用于建造厂房、购买机器设备、购买原材料、支付职工薪酬、支付经营管理中必要的开支等，生产出的产品经过销售后，收回的货款还要补偿生产中垫付的资金、偿还有关债务、上缴有关税金等。在生产经营过程中，资金的存在形态不断地发生变化，构成了企业的资金运动。企业的资金运动包括资金的投入、资金的循环与周转（资金的运用）和资金的退出三个基本环节。

（1）资金的投入。产品制造企业要进行生产经营活动，首先必须筹集一定数量的经营资金，这些资金主要来自所有者投入的资金和债权人投入的资金。企业筹集到的资金一部分构成流动资产（如货币资金、原材料等），另一部分构成非流动资产（如厂房、机器设备等）。资金的投入是企业资金运动的起点。

（2）资金的循环与周转。产品制造企业将资金运用于生产经营过程，就形成了资金的循环与周转。它又分为供应过程、生产过程和销售过程三个阶段。企业进行采购，将投入的资金用于建造或购置厂房、购买原材料，为生产产品做必要的物资准备，就是供应过程。企业劳动者借助机器设备对原材料进行加工、生产出产品，企业支付职工工资和生产经营中必要的开支，就是生产过程。企业将生产的产品对外销售，就是销售过程。在供应过程、生产过程和销售过程三个阶段，企业的资金分别表现为储备资金、生产资金、产品资金等不同的存在形态最后又回到货币资金形态。这种运动过程称为资金的循环。资金周而复始、延续不断的循环过程，称为资金周转。

(3) 资金的退出。资金的退出是指资金离开本企业，退出资金的循环和周转，是资金运动的终点。资金退出的过程主要包括偿还各项负债、向国家上缴各项税金，向所有者分配利润等。

(二) 会计核算的具体内容

各单位在生产经营和业务活动中，会发生各种各样的经济业务事项。经济业务事项包括经济业务和经济事项两类。经济业务又称经济交易，指单位与其他单位和个人之间发生的各种经济利益交换，如销售产品、购买固定资产等；经济事项是指在单位内部发生的具有经济影响的各类事项，如支付职工薪酬、计提折旧等。根据《中华人民共和国会计法》（以下简称《会计法》）第十条规定，下列经济业务事项，应当办理会计手续，进行会计核算。

(1) 款项和有价证券的收付。

(2) 财物的收发、增减和使用。

(3) 债权债务的发生和结算。

(4) 资本、基金的增减。

(5) 收入、支出、费用、成本的计算。

(6) 财务成果的计算和处理。

(7) 需要办理会计手续、进行会计核算的其他事项。

第二节 会计基本假设

会计基本假设是会计确认、计量和报告的前提，是对会计核算所处时间、空间等所作出的合理假设。一般认为，会计核算的基本假设包括会计主体、持续经营、会计分期和货币计量。

一、会计主体

会计主体是指会计所核算和监督的特定单位或者组织，它界定了从事会计工作和提供会计信息的空间范围。一般情况下，凡是拥有独立的资金、自主经营、独立核算收支及盈亏并编制会计报表的企业或单位都构成了一个会计主体。

会计主体可以是一个企业（法人主体），也可以是企业的一个内部单位或内部部门，还可以是多个企业组成的企业集团。

会计主体假设起源于经营主体的概念，其形成与经济组织的独立发展有直接联系。在商品经济发展到一定程度时，出现了大量以盈利为目的的经营组织——独资或合伙企业，如意大利文艺复兴时期的康美达合营公司，15 世纪英国从事海外贸易的公司都是合伙企业，它们客观上要求会计将企业视为独立于业主之外的经济实体，将业主个人的经济活动与企业分开。

在会计主体假设下，企业应当对其本身发生的交易或者事项进行会计确认、计量和报告，反映企业本身所从事的各项生产经营活动。明确界定会计主体是开展会计确认、计量和报告工作的重要前提。

首先，明确会计主体，才能划定会计所要处理的各项交易或事项的范围。在会计实务中，只有那些影响企业本身经济利益的各项交易或事项才能加以确认、计量、记录和报告，那些不影响企业本身经济利益的各项交易或事项不能加以确认、计量、记录和报告。会计工作中通常所讲的资产及负债的确认、收入的实现、费用的发生等，都是针对特定会计主体而言的。

其次，明确法律主体，才能将会计主体的交易或者事项与会计主体所有者的交易或者事项以及其他会计主体的交易或者事项区分开来。例如，企业所有者的经济交易或者事项是属于企业主体所发生的，不应纳入企业会计核算的范围，但是企业所有者投入企业的资本或者企业向所有者分配的利润，则属于企业主体所发生的交易或者事项，应当纳入企业核算的范围。

会计主体与法律主体（法人）并非对等的概念。一般而言，法律主体必然是一个会计主体。例如，一个企业作为一个法律主体，应当建立财务会计系统，独立反映其财务状况、经营成果和现金流量。但是，会计主体不一定是法律主体。例如，企业集团中的母公司对子公司拥有控制权，为了全面反映企业集团的财务状况、经营成果和现金流量，需要将企业集团作为一个会计主体，编制合并财务报表，在这种情况下，尽管企业集团不属于法律主体，但它是会计主体。

二、持续经营

持续经营是指会计主体在可以预见的将来，将根据正常的经营方针和既定的经营目标持续经营下去。即在可预见的将来，该会计主体不会破产清算，所持有的资产将正常营运，所负有的债务将正常偿还。依据《企业会计准则——基本准则》的规定，企业会计确认、计量、记录和报告应当以持续经营为基本前提。

明确了这个基本前提，会计人员就可以选择适用的会计原则和会计方法，进行资产计价和收益确认。例如，在一般情况下，企业的固定资产可以在一个较长的时期发挥作用，如果判断企业会持续经营下去，就可以假定企业的固定资产会在持续进行的生产经营过程中长期发挥作用，并服务于生产经营过程，固定资产就可以根据历史成本进行记录，并采用折旧的方法，将历史成本分摊到各个会计期间或相关产品的成本中。如果判断企业不能持续经营下去，固定资产就不应采用历史成本进行记录并按期计提折旧。

会计准则体系是以企业持续经营为前提加以制定和规范的，涵盖了从企业成立到清算（包括破产）整个期间的交易或者事项的会计处理。一个企业在不能持续经营时就应当停止使用这个假设。如仍按持续经营基本假设选择会计确认、计量、记录和报告原则与方法，就不能客观地反映企业的财务状况、经营成果和现金流量，会误导会计信息使用者的经济决策。

三、会计分期

会计分期是指将一个会计主体持续经营的生产经营活动划分成若干相等的会计期间，以便分期结算账目和编制财务会计报告。它是对会计工作时间范围的具体划分，是持续经营前提的必要补充。会计分期的目的在于通过会计期间的划分，将持续经营的期间划分成连续、相等的期间，据以结算账目、编制会计报表、反映企业的经营成果和财务状况及其变动情况，从而及时向财务报告使用者提供企业财务状况、经营成果和现金流量的信息。会计期间分为年度、半年度、季度和月度，均按公历起讫日期确定，其中半年度、季度和月度称为会计中期。

会计期间只是一种假设，企业的经营活动实际上并未因会计期间终了而停止。因此，对跨越会计期间的经济业务，必须采取合理的账务处理方法，如待摊、预提和配比等方法，以便正确计算会计期间的经营成果。

根据持续经营假设，一个企业将按当前的规模和状态持续经营下去。但是，无论是企业的生产经营决策还是投资者、债权人等的决策都需要及时的信息，都需要将企业持续的生产经营活动划分为一个个连续的、长短相同的期间，分期确认、计量、记录和报告企业的财务状况、经营成果和现金流量。由于有了会计分期这个前提，才产生了当期与其他期间的差别，从而出现权责发生制和收付实现制两种不同的会计基础，进而出现了折旧、摊销等会计处理方法。

四、货币计量

货币计量是指会计主体在会计核算过程中采用货币作为统一的计量单位，综合反映会计主体的财务状况和经营成果。

在会计核算过程中之所以选择以货币作为统一的计量单位，是因为它包含着币值稳定的假设，即假定货币本身的价值是稳定的、币值不变或变化甚微。只有这样，会计核算工作才能正常进行，才能对不同会计期间的会计信息进行比较、分析和评价，才能按历史成本原则计价。其他计量单位，如重量、长度、容积等，只能从一个侧面反映企业的生产经营情况，无法在量上进行汇总和比较，不便于会计计量和经营管理。只有选择货币这一共同尺度进行计量，才能全面反映企业的生产经营情况。

《会计法》和《企业会计准则》规定，单位的会计核算应以人民币作为记账本位币。业务收支以人民币以外的货币为主的单位也可以选定其中的一种货币作为记账本位币，但编制的财务会计报告应当折算为人民币反映。在境外设立的中国企业向国内报送的财务会计报告，应当折算为人民币。

上述会计核算的四项基本假设相互依存、相互补充。会计主体确立了会计核算的空间范围，持续经营与会计分期确立了会计核算的时间长度，而货币计量则为会计核算提供了必要手段。

第三节　会计基础

一、会计基础的概念和种类

企业会计确认、计量和报告的基础，简称会计基础，是企业在会计确认、计量和报告的过程中所采用的基础，是确认一定会计期间的收入和费用，从而确定损益的标准。由于会计分期假设，产生了本期与非本期的区别，从而出现了权责发生制与收付实现制的区别。企业在一定会计期间，为进行生产经营活动而发生的费用，可能本期已经付出货币资金，也可能在本期尚未付出货币资金；所形成的收入，可能在本期已经收到货币资金，也可能在本期尚未收到货币资金。同时，本期发生的费用可能与本期收入的取得有关，也可能与本期收入的取得无关。诸如此类的经济业务如何处理，必须以所采用的会计基础为依据。会计基础主要有两种：权责发生制和收付实现制。

二、权责发生制

企业会计的确认、计量和报告应当以权责发生制为基础。权责发生制亦称应收应付制，指企业按收入的权利和支出的义务是否归属于本期来确认收入、费用的标准，而不是按款项的实际收支是否在本期发生来确认，也就是以应收应付为标准。

在权责发生制下，凡是当期已经实现的收入和已经发生或应当负担的费用，无论款项是否收付，都应当作为当期的收入和费用，计入利润表；凡是不属于当期的收入和费用，即使款项已在当期收付，也不应当作为当期的收入和费用。

在实务中，企业交易或者事项的发生时间与相关货币收支时间有时并不完全一致。例如，款项已经收到，但销售并未实现；或者款项已经支付，但并不是为本期生产经营活动而发生的。为了更加真实、公允地反映特定会计期间的财务状况和经营成果，会计准则明确规定，企业在会计确认、计量和报告中应当以权责发生制为基础。

三、收付实现制

收付实现制是与权责发生制相对应的一种会计基础，它是以收到或支付的现金作为确认收入和费用等的依据。凡是本期实际收到款项的收入和付出款项的费用，不论是否归属于本期，都作为本期的收入和费用处理；反之，凡本期没有实际收到款项和付出款项，即使应当归属于本期，也不作为本期收入和费用处理。

目前，我国的行政单位会计采用收付实现制，事业单位会计除经营业务可以采用权责发生制外，其他大部分业务采用收付实现制。

第二章 会计要素与会计等式

第一节 会计要素

一、会计要素的含义与分类

（一）会计要素的含义

会计要素就是为了实现会计目标，便于具体地实施会计核算，对根据经济交易或者事项的经济特征所确定的财务会计对象的基本分类。通过会计要素对会计对象进行分类，为会计核算提供了基础。它是会计核算对象的具体化，是用于反映会计主体财务状况、确定经营成果的基本单位。企业的财务状况，就是企业在某一时点的各种资源的占有、运用和来源情况；企业的经营成果，就是企业在一定的会计期间内运用资源的最终结果。会计工作就是围绕着会计要素的确认、计量和报告展开的。

（二）会计要素的分类

我国《企业会计准则》将会计要素划分为资产、负债、所有者权益、收入、费用和利润6类，其中，前3类属于反映财务状况的会计要素，在资产负债表中列示；后3类属于反映经营成果的会计要素，在利润表中列示。

二、会计要素的确认

（一）资产

1. 资产的定义与特征

资产是指企业过去的交易或者事项形成的、由企业拥有或控制的、预期会给企业带来经济利益的资源。资产具有以下特征。

（1）资产是由企业过去的交易或者事项形成的。资产必须是过去已经发生的交易或事项所产生的结果。未来交易或事项可能产生的结果，不属于现在的资产，不得作为资产来确认。例如，企业准备于下月购买一台设备，由于相关的交易尚未发生，准备购买的设备就不能作为企业的资产；而上个月销售产品而形成的应收账款，则可以作为企业的资产来确认。

（2）资产是企业拥有或者控制的资源。拥有是指资产的所有权归企业所有，控制是指资产由企业支配使用。例如，企业融资租赁的固定资产，在租赁款尚未完全还清之前，其所有权不属于承租企业，但因该资产的实际使用寿命的绝大部分已经归企业支配，属于受企业实际控制，所以在会计实务中承租方应将其列作企业的固定资产。

（3）资产预期会给企业带来经济利益。作为资产的经济资源，必须具有能为企业带来经济利益的潜力。企业的资产，必须能给企业带来未来的经济利益，这是资产的一个重要特征。如果一项经济资源不能为企业带来未来经济利益，则不能作为企业的资产来管理，而应作为费用或损失处理。

2. 资产的确认条件

将一项资源确认为资产，需要符合资产的定义，还应同时满足以下两个条件。

（1）与该资源有关的经济利益很可能流入企业。从资产的定义来看，能否带来经济利益是资产的一个本质特征，但在现实生活中，由于经济环境瞬息万变，与资源有关的经济利益能否流入企业或者能够流入多少实际上带有不确定性。因此，资产的确认还应与经济利益流入的不确定性程度的判断结合起来。如果根据编制财务报表时所取得的证据，与资源有关的经济利益很有可能流入企业，那么就应当将其作为资产予以确认；反之，不能确认为资产。

（2）该资源的成本或者价值能够可靠地计量。符合资产定义和资产确认条件的项目，应当列入资产负债表；符合资产定义，但不符合资产确认条件的项目，不应当列入资产负债表。财务会计系统是一个确认、计量和报告的系统，其中可计量性是所有会计要素确认的重要前提，资产的确认也是如此。只有当有关资源的成本或者价值能够可靠地计量时，资产才能予以确认。在实务中，企业取得的许多资产都是发生了实际成本的，如企业购买或者生产的存货、企业购置的厂房或者设备等，对于这些资产，只要实际发生的购买成本或者生产成本能够可靠计量，就视为符合了资产确认的可计量条件。

3. 资产的分类

资产按流动性进行分类，可以分为流动资产和非流动资产。

（1）流动资产。流动资产指预计在一个正常营业周期中变现、出售或耗用，或者主要为交易目的而持有，或者预计在资产负债表日起 1 年内（含 1 年）变现的资产，以及自资产负债表日起 1 年内交换其他资产或清偿负债的能力不受限制的现金或现金等价物。正常营业周期通常不足 1 年，在 1 年内有几个营业周期。但是，也存在正常营业周期超过 1 年的情况，在这种情况下，与生产循环相关的产成品、应收账款、原材料尽管是超过 1 年才变现、出售或耗用，仍应作为流动资产。当正常营业周期不能确定时，应当以 1 年（12 个月）作为正常营业周期。流动资产包括货币资金、存货、交易性金融资产、应收账款及预付款项等。

（2）非流动资产。非流动资产是指流动资产以外的资产。如长期投资（股票投资、债权投资、其他投资）、固定资产、无形资产等。

企业资产的种类如图2－1所示。

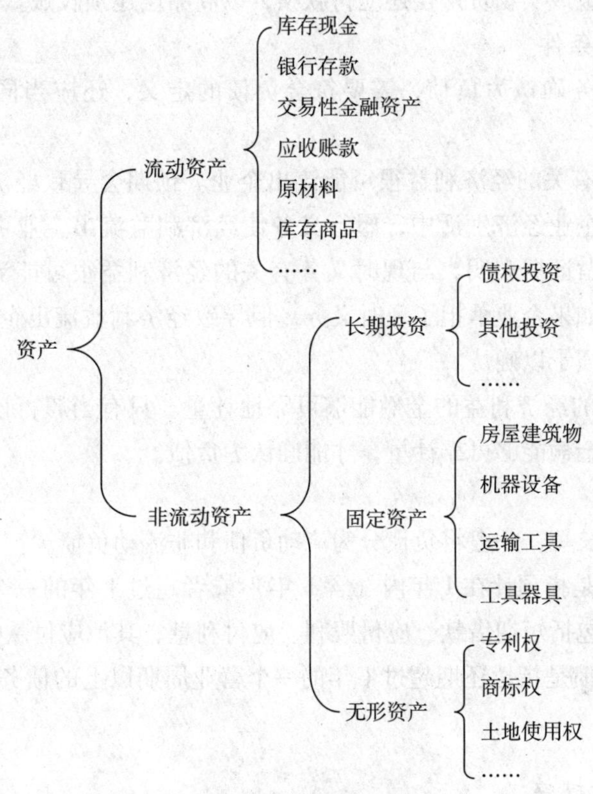

图2－1　企业资产的种类

（二）负债

1. 负债的定义与特征

负债是指企业过去的交易或者事项形成的，预期会导致经济利益流出企业的现时义务。现时义务是指企业在现行条件下已承担的义务。未来发生的交易或事项形成的义务，不属于现时义务，不应当确认为负债。

负债具有以下特征。

（1）负债是由企业过去的交易或者事项形成的。也就是说，未来发生的承诺、义务，不形成负债。例如，企业向银行借款3 000万元，属于过去的交易形成的债务。企业与银行达成了半年后借入1 000万元的借款意向书，则不属于过去的交易或者事项，不能确认为企业的负债。

（2）负债是企业承担的现时义务。现时义务是指企业在当前已承担的义务，未来发生的义务不属于负债。如银行借款是因为企业接受了银行贷款形成的义务，应付账款是因为赊购商品或接受劳务形成的义务，这些都是现时义务。

（3）负债预期会导致经济利益流出企业。即企业在履行义务时会引起经济利益的流出，例如，用现金或实物资产偿还应付款项，以商品偿还预收账款等。

2. 负债的确认条件

将一项现时义务确认为负债，需要符合负债的定义，还应当同时满足以下两个条件。

（1）与该义务有关的经济利益很可能流出企业。预期会导致经济利益流出企业是负债的主要特征。企业经济生活中，履行义务使经济利益流出企业可能带有一定的不确定性，如果有确凿证据表明，与现时义务有关的经济利益很可能流出企业，应当作为负债予以确认；如果企业承担了现时义务，但导致经济利益流出企业的可能性很小，则不应将其作为负债予以确认。

（2）未来流出的经济利益的金额能够可靠地计量。只有当履行该义务时导致未来流出的经济利益的金额能够可靠计量，才能确认为负债。

3. 负债的分类

按偿还期限的长短，一般将负债分为流动负债和非流动负债。

（1）流动负债是指预计在1年内（含1年）或者超过1年的一个营业周期中的债务。流动负债一般包括短期借款、应付股利、应付利息、其他应付款等。

（2）非流动负债是指偿还期超过1年的一个营业周期以上的债务，包括长期借款、应付债券等。

（三）所有者权益

1. 所有者权益的定义及特征

所有者权益是指企业资产扣除负债后由所有者享有的剩余权益。公司的所有者权益又称为股东权益。所有者权益是所有者对企业资产的剩余索取权，它是企业资产中扣除债权人权益后应由所有者享有的部分。

所有者权益具有以下特征。

（1）除非发生减资、清算或分派现金股利，企业不需要偿还所有者权益。

（2）企业清算时，只有在清偿所有的负债后，所有者权益才返还给所有者。

（3）所有者凭借所有者权益能够参与企业利润的分配。

2. 所有者权益的确认条件

所有者权益的确认、计量主要取决于资产、负债、收入、费用等其他会计要素的确认和计量。所有者权益在数量上等于企业资产总额扣除债权人权益后的净额，即为企业的净资产，反映所有者（股东）在企业资产中享有的经济利益。通常企业收入增加时，会导致资产的增加，相应地会增加所有者权益；企业发生费用时，会导致负债增加，相应地会减少所有者权益。因此，企业日常经营的好坏和资产、负债的质量直接决定着企业所有者权益的增减变化和资本的保值与增值。

所有者权益反映的是企业所有者对企业资产的索取权，负债反映的是企业债权人对企业资产的索取权，而且通常债权人对企业资产的索取权要优先于所有者对企业资产的索取权，因此，所有者享有的是企业资产的剩余索取权，两者在性质上有本质区别，因此企业在会计确认、计量和报告中应当严格区分负债和所有者权益，分别确认负债和所有者权益，如实反映企业的财务状况。

3. 所有者权益的分类

所有者权益的来源包括所有者投入的资本、直接计入所有者权益的利得和损失、留存收益等，具体表现为实收资本（或股本）、资本公积（含资本溢价或股本溢价、其他资本公积）、盈余公积和未分配利润。

所有者投入的资本是指所有者投入企业的资本部分，它既包括构成企业注册资本（实收资本）或者股本部分的金额，也包括投入资本超过注册资本或者股本部分的金额，即资本溢价或者股本溢价，这部分投入资本在我国企业会计准则体系中被计入了资本公积，并在资产负债表中所有者权益（股东权益）部分的“资本公积”项目反映。

直接计入所有者权益的利得和损失是指不应计入当期损益、会导致所有者权益发生增减变动的、与所有者投入资本或者向所有者分配利润无关的利得或者损失。

利得是指由企业非日常活动所形成的、会导致所有者权益增加的、与所有者投入资本无关的经济利益的流入。

损失是指由企业非日常活动所发生的、会导致所有者权益减少的、与向所有者分配利润无关的经济利益的流出。

留存收益指企业生产经营所获得的利润，历年累积起来留存在企业的部分。留存收益包括盈余公积和未分配利润。盈余公积是企业按照规定从净利润中提取的各种积累资金。

4. 所有者权益与负债的区别

（1）企业给予的回报不同。企业给予投资者的回报是税后利润的分配，不能抵减所得税；而债权人只能得到固定的利息，利息费用可以在税前支付，用来抵减所得税。

（2）清算时偿还的顺序不同。企业解散清算时，债权人的求偿权应优先于投资者，偿还了债权人的债务后，如有剩余财产才能退还给投资者。

（3）偿还期不同。所有者权益不需偿还，负债则不然，一般有确切的偿还期，到期必须偿还。

（4）权利、风险不同。投资者可以参与企业的经营管理，承担的风险大；债权人无权参与企业的经营管理，承担的风险相对较小。

企业负债和所有者权益都是企业的权益，前者称债权人权益，后者称所有者权益。负债及所有者权益的主要构成如图 2－2 所示。

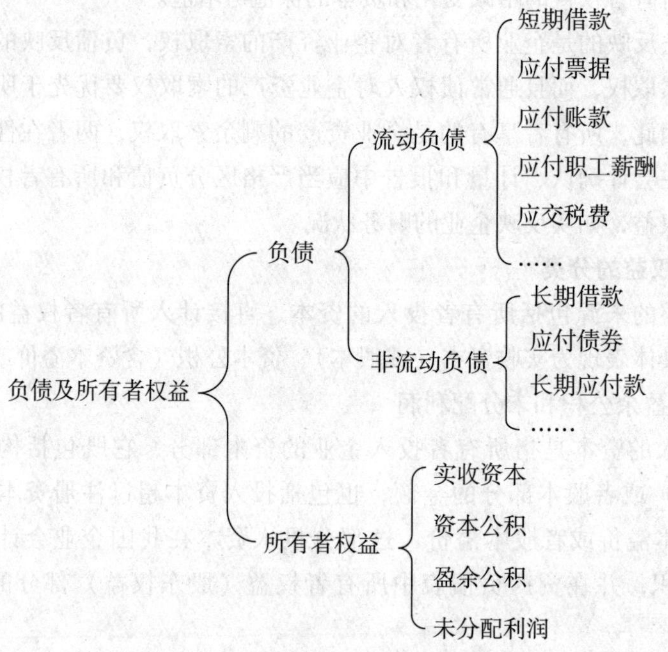

图 2－2　负债及所有者权益的主要构成

（四）收入

1. 收入的定义与特征

收入是指企业在日常活动中形成的、会导致所有者权益增加的、与所有者投入资本无关的经济利益的总流入。

收入具有以下特征。

（1）收入是企业在日常活动中形成的。日常活动是企业为完成其经营目标所从事的经常性活动以及与之相关的活动。例如，工业企业制造并销售产品、商业企业销售商品、保险公司签发保单、咨询公司提供咨询服务、软件企业为客户开发软件、安装公司提供安装服务、商业银行对外贷款、租赁公司出租资产等，均属于企业的日常活动。日常活动是确认收入的重要判断标准，凡是日常活动所形成的经济利益的流入应当确认为收入，反之，非日常活动所形成的经济利益的流入不能确认为收入，而应当计入利得。比如，处置固定资产属于非日常活动，所形成的净收益就不应确认为收入，而应当确认为利得。

（2）收入会导致所有者权益的增加。与收入相关的经济利益的流入应当会导致所有者权益的增加，不会导致所有者权益增加的经济利益的流入不符合收入的定义，不应确认为收入。例如，企业向银行借入款项，虽然导致了企业经济利益的流入，却使企业承担了一项现时义务，所以并未导致所有者权益的增加，不应将其确认为收入，应当确认为负债。

（3）收入是与所有者投入资本无关的经济利益的总流入。收入应当会导致经济利益的流入，从而导致资产的增加。如果经济利益的流入是所有者投入资本的增加所致，则不应当确认为收入，应当将其直接确认为所有者权益。

2. 收入的确认条件

企业收入的来源多种多样，不同收入来源的特征有所不同，其收入确认条件也往往存在一些差别，如销售商品、提供劳务、让渡资产使用权等。一般而言，收入只有在经济利益很可能流入从而导致企业资产增加或者负债减少且其流入额能够可靠计量时才能予以确认。至少应当符合以下条件。

（1）与收入相关的经济利益应当很可能流入企业。

（2）经济利益流入企业的结果会导致资产的增加或者负债的减少。

（3）经济利益的流入额能够可靠计量。

3. 收入的分类

按收入的性质，可分为商品销售收入（企业向客户销售商品所取得的销售收入）、提供劳务收入（企业向客户提供劳务所取得的劳务收入）、让渡资产使用权收入（企业向客户让渡资产使用权所取得的利息和使用费收入）。

收入按经营业务的主次分为主营业务收入和其他业务收入。主营业务收入是由企业的主营业务所带来的收入；其他业务收入是除主营业务活动以外的其他经营活动实现的收入，包括出租固定资产、出租无形资产、出租包装物和商品、销售材料收入等。

（五）费用

1. 费用的定义与特征

费用是指企业在日常活动中发生的、会导致所有者权益减少的、与向所有者分配利润无关的经济利益的总流出。

费用具有以下几个特征。

（1）费用是企业在日常活动中发生的。费用必须是企业在其日常活动中所形成的，这些日常活动的界定与收入定义中涉及的日常活动的界定一致。将费用界定为日常活动所形成的，目的是将其与损失相区分，企业非日常活动所形成的经济利益的流出不能确认为费用，而应当计入损失，如营业外支出。

（2）费用会导致所有者权益的减少。不会导致所有者权益减少的经济利益的流出不符合费用的定义，不应确认为费用。费用本质上是企业资源的流出，与资源流入企业所形成的收入正好相反。从这个意义上讲，可将费用理解为资产的耗费，其目的是取得收入，从而获得更多的资产。企业向投资者分配利润，虽然也会导致经济利益的流出，但性质上是对净利润的分配，并非生产经营过程的耗费，不作为费用。

（3）费用是与向所有者分配利润无关的经济利益的总流出。费用的发生应当会导致经济利益的流出，从而导致资产的减少或者负债的增加（最终也会导致资产的减少）。企业向所有者分配利润也会导致经济利益的流出，而该经济利益的流出属于投资者投资回报的分配，是所有者权益的直接抵减项目，不应确认为费用。

2. 费用的确认条件

费用的确认除了应当符合定义外，还至少应当符合以下条件。

（1）与费用相关的经济利益很可能流出企业。

（2）经济利益流出企业的结果会导致资产的减少或者负债的增加。

（3）经济利益的流出额能够可靠计量。

3. 费用的分类

费用分为生产费用与期间费用。

（1）生产费用。生产费用是指与企业日常生产经营活动有关的费用，按其经济用途分为直接材料、直接人工和制造费用。生产费用应按其实际发生情况计入产品的生产成本；对于生产几种产品共同发生的生产费用，应当按照受益原则，采用适当的方法和程序分配计入相关产品的生产成本。

（2）期间费用。期间费用是指企业本期发生的、不能直接或间接归入产品生产成本，而应直接计入当期损益的各项费用，包括管理费用、销售费用和财务费用。管理费用是指企业行政管理部门为组织和管理生产经营活动而发生的费用。财务费用是指企业为筹集生产经营所需资金等而发生的费用。销售费用是指企业在销售商品、提供劳务的过程中发生的各种费用。

（六）利润

1. 利润的定义与特征

利润是指企业在一定会计期间的经营成果。通常情况下，如果企业实现了利润，表明企业的所有者权益将增加，业绩得到了提升；反之，如果企业发生了亏损（即利润为负数），表明企业的所有者权益将减少，业绩下降。利润是评价企业管理层业绩的指标之一，也是投资者等财务会计报告使用者进行决策时的重要参考依据。

2. 利润的确认条件

利润反映收入减去费用、直接计入当期利润的利得减去损失后的净额。利润的确认主要依赖于收入和费用，以及直接计入当期利润的利得和损失的确认，其金额的确定也主要取决于收入、费用、利得、损失金额的计量。

3. 利润的构成

利润包括收入减去费用后的净额、直接计入当期损益的利得和损失等。其中，收入减去费用后的净额反映企业日常活动的经营业绩；直接计入当期损益的利得和损失反映企业非日常活动业绩。

直接计入当期损益的利得和损失，指应当计入当期损益、最终会引起所有者权益发生增减变动的、与所有者投入资本或者向所有者分配利润无关的利得或者损失。企业应当严格区分收入和利得、费用和损失，以便全面反映企业的经营业绩。直接计入当期损益的利得和损失主要是指营业外收入和营业外支出。

三、会计要素的计量

会计要素的计量是为了将符合确认条件的会计要素登记入账，并列报于财务报表以确定其金额的过程。企业应当按照规定的会计计量属性进行计量，确定相关金额。

（一）会计计量属性及其构成

会计计量属性是指会计要素的数量特征或外在表现形式，反映了会计要素金额的确定基础，如桌子的长度、铁矿的重量、楼房的面积等。从会计角度，计量属性反映的是会计要素金额的确定基础，主要包括历史成本、重置成本、可变现净值、现值和公允价值。

1. 历史成本

历史成本，又称为实际成本，指为取得或制造某项财产物资实际支付的现金或其他等价物。在历史成本计量下，资产按照其购置时支付的现金或者现金等价物的金额，或者按照购置资产时所付出的对价的公允价值计量。负债按照其因承担现时义务而实际收到的款项或资产的金额，或者承担现时义务的合同金额，或者按照日常活动中为偿还负债预期需要支付的现金或者现金等价物的金额计量。

在采用历史成本的情况下，要求对企业的资产、负债、所有者权益等项目的计量应当基于经济业务的实际成本交易，而不考虑随后市场价格变化的影响。如企业购入一台设备作为固定资产使用，在取得该固定资产时以实际支付的价款作为其入账价值，确定该固定资产的入账价值就是其历史成本。

2. 重置成本

重置成本，又称现行成本，指按照当前市场条件重新取得同样一项资产所需要支付的现金或者现金等价物金额。在重置成本计量下，资产按照现在购买相同或者相似资产所需支付的现金或者现金等价物的金额计量。负债按照现在偿付该项债务所需支付的现金或者等价物的金额计量。

重置成本是现在时点的成本，在实务中重置成本多应用于盘盈存货或固定资产的计量等方面。如企业进行财产清查时发现盘盈固定资产一项，对于该固定资产则应采用重置成本进行计量，即以与该固定资产的规格型号、新旧程度等相同的固定资产的价值作为其重置成本，对其进行计量入账。

3. 可变现净值

可变现净值，指在正常的生产经营过程中，以资产预计售价减去进一步加工成本和预计销售费用以及相关税费后的净值。在可变现净值计量下，资产按照其正常对外销售所能收到的现金或现金等价物的金额扣减至完工时估计将发生的成本、销售费用以及相关税费后的金额计量。

可变现净值是在不考虑货币的时间价值的情况下，以资产在正常使用过程中可带来的预期净现金流入的金额对资产进行计量。可变现净值通常应用于存货资产减值情况下的后续计量。

4. 现值

现值是指对某一资产的未来现金流量以恰当的折现率进行折现后的价值，是考虑货币时间价值的一种计量属性。在现值计量属性下，资产按照预计从其持续使用和最终处置中所产生的未来净现金流入量的折现金额计量。负债按照预计期限内需要偿还的未来净现金流出量的折现金额计量。

现值通常应用于非流动资产可收回金额和以摊余成本计量的金融资产价值的确定等方面。相对于可变现净值，现值计量考虑了货币时间价值因素的影响。

5. 公允价值

公允价值是指在公平交易中，熟悉情况的交易双方自愿进行资产交换或债务清偿的金额。在公允价值计量下，资产和负债按照在公平交易中，熟悉情况的交易双方自愿进行资产交换或债务清偿的金额计量。

公允价值计量主要应用于交易性金融资产等的计量方面，相对于历史成本计量，公允价值计量所提供的会计信息具有更高的相关性。

（二）计量属性的运用原则

企业在对会计要素进行计量时，一般应当采用历史成本。在某些情况下，如果采用其他计量属性，提供的财务报告信息更加可靠、更加公允的话，可以使用其他计量属性。但采用重置成本、可变现价值、现值、公允价值计量的，应当保证所确定的会计要素金额能够取得并可靠计量。如果无法取得或者不能可靠计量的，则不允许使用其他计量属性。

第二节　会计等式

会计等式，又称会计恒等式、会计方程式或会计平衡公式，它是表明各会计要素之间基本关系的等式。

一、会计等式的表现形式

（一）财务状况等式

财务状况等式，亦称基本会计等式和静态会计等式，是用以反映企业某一特定时点资产、负债和所有者权益三者之间平衡关系的会计等式。这一等式是复式记账法的理论基础，也是编制资产负债表的依据。

任何企业要从事经营活动，首先要拥有或者控制一定数量的、预期能够给企业带来经济效益的资源。企业的资产最初表现为库存现金、银行存款、存货、固定资产、无形资产、长期投资等，这些资产要么是投资者的投入资本，要么是债权人的借入资金，每一项资产都有其来源，都代表着相应的权益。有一定的资产，同时就有一定的权益；反之，有一定的权益，同时就有一定的资产。因此，企业有多少数额的资产必有与其等量的权益，即在任何情况下企业的资产总是等于权益。资产与权益之间的恒等关系可以用公式表示：

资产＝权益

资产与权益的恒等关系是复式记账法的理论基础，也是编制资产负债表的依据。会计的实际工作，如会计科目和账户的设置、复式记账、试算平衡、结账、财务报表的设计与编制，都必须以这一会计恒等式为指导。

资产是由于过去的交易或事项所引起，能为企业带来经济利益的资源。企业的资产来源于所有者的投入资本和债权人的借入资金及企业在生产经营过程中所产生效益的积累，分别归属于所有者和债权人。归属于所有者的部分形成所有者权益，归属于债权人的部分形成债权人权益（即企业的负债）。因此，会计恒等式可以进一步表示：

资产＝负债＋所有者权益

这一会计等式，表明某一会计主体在某一特定时点所拥有的各种资产以及债权人和投资者对企业资产要求权的基本状况，表明资产、负债和所有者权益的基本关系，同时也构成资产负债表的三个基本要素。由于该等式是会计等式中最通用和最一般的形式，所以通常也称为会计基本等式。

例如，钦州鸿达公司开办时的资产是3 000万元，其中2 000万元是由投资者投入的，另外1 000万元是向银行借款来的，则总资产为3 000万元，公式表示如下：

资产（30 000 000）＝权益（20 000 000＋10 000 000）

即资产（30 000 000）＝负债（10 000 000）＋所有者权益（20 000 000）

（二）经营成果等式

经营成果等式，亦称动态会计等式，是用以反映企业一定时期收入、费用和利润之间恒等关系的会计等式：

$$收入-费用=利润$$

这一等式反映了利润的实现过程，表明了经营成果与相应期间的收入和费用的关系，是编制利润表的依据。

企业的目标就是从生产经营活动中获得收入，实现盈利。企业在取得收入的同时，也必然要发生相应的费用。企业通过收入与费用的比较，才能计算、确定一定期间的盈利情况，确定当期实现的利润（或亏损）总额。

由于企业是投资者投资的，按照“谁投资谁得利”的原则，企业实现的利润只能归属于投资者，所以利润是所有者权益的一部分；如果企业亏损，只能由投资者承担。因此可得到：

$$\begin{aligned}资产&=负债+（所有者权益+利润）\\&=负债+（所有者权益+收入-费用）\end{aligned}$$

这一等式反映了企业的财务状况与经营成果之间的关系。企业的经营成果影响到企业的财务状况。当收入大于费用，企业有利润，将使资产增加或负债减少，财务状况好转；当收入小于费用，企业发生亏损，将会使资产减少或负债增加，财务状况恶化。

二、经济业务对会计等式的影响

经济业务，又称会计事项，指在经济活动中使会计要素发生增减变动的交易或者事项。

企业经济业务按其对财务状况等式的影响不同可以分为以下9种基本类型：

（1）一项资产增加、另一项资产等额减少的经济业务；

（2）一项资产增加、一项负债等额增加的经济业务；

（3）一项资产增加、一项所有者权益等额增加的经济业务；

（4）一项资产减少、一项负债等额减少的经济业务；

（5）一项资产减少、一项所有者权益等额减少的经济业务；

（6）一项负债增加、另一项负债等额减少的经济业务；

（7）一项负债增加、一项所有者权益等额减少的经济业务；

（8）一项所有者权益增加、一项负债等额减少的经济业务；

（9）一项所有者权益增加、另一项所有者权益等额减少的经济业务。

上述9类基本经济业务的发生均不影响财务状况等式的平衡关系，具体分为以下三种情形。基本经济业务（1）、（6）、（7）、（8）、（9）使财务状况等式左右两边的金额保持不变。基本经济业务（2）、（3）使财务状况等式左右两边的金额等额增加；基本经济业务（4）、（5）使财务状况等式左右两边的金额等额减少。

为更好地理解经济业务的发生引起会计要素的增减变动是否对会计等式有影响，下面我们举例来说明。

【例2-1】假定鸿达公司2018年8月1日资产、负债及所有者权益的平衡关系如

表 2－1 所示。

表 2－1　　鸿达公司 2018 年 8 月 1 日资产、负债及所有者权益的平衡关系　　单位：元

资产	金额	负债及所有者权益	金额
货币资金（银行存款）	562 000	短期借款	120 000
应收票据	98 000	应付票据	80 000
应收账款	119 000	应付账款	381 000
存货（原材料）	1 032 000	应付股利	0
固定资产	440 000	实收资本	1 300 000
		资本公积	170 000
		未分配利润	200 000
合计	2 251 000	合计	2 251 000

鸿达公司的持续经营会使经济业务不断发生，必然会引起资产、负债、所有者权益、收入、费用等会计要素的增减变动，会计要素的增减变动会不会影响会计等式、破坏它们之间的平衡关系呢？假定鸿达公司 2018 年 8 月发生以下经济业务：

（1）8 月 10 日，鸿达公司用银行存款50 000元购入一批原材料，材料已运到并验收入库。

这项经济业务的发生，涉及银行存款和原材料，银行存款是资产，减少了50 000元，由原来的562 000元减少到512 000元；原材料也是资产，增加了50 000元，由原来的1 032 000元增加到1 082 000元。这项经济业务是公司的一项资产（原材料）增加、另一项资产（银行存款）等额减少的经济业务，因此，公司资产总额不会发生变化。另外，这项经济业务没有涉及负债及所有者权益项目，不会引起负债及所有者权益总额发生变化。所以，这项经济业务的发生不会改变会计等式的平衡关系，如表 2－2 所示。

表 2－2　　鸿达公司 2018 年 8 月 10 日资产、负债及所有者权益的平衡关系　　单位：元

资产	金额	负债及所有者权益	金额
货币资金（银行存款）	512 000	短期借款	120 000
应收票据	98 000	应付票据	80 000
应收账款	119 000	应付账款	381 000
存货（原材料）	1 082 000	应付股利	0
固定资产	440 000	实收资本	1 300 000
		资本公积	170 000
		未分配利润	200 000
合计	2 251 000	合计	2 251 000

（2）8 月 13 日，鸿达公司因流动资金短缺向开户银行申请借款1 000 000元，期限 6 个月，款项已存入银行。

这项经济业务的发生，涉及银行存款和短期借款，银行存款是资产，增加

了1 000 000元，由原来的512 000元增加到1 512 000元；短期借款是负债，增加了1 000 000元，由原来的120 000元增加到1 120 000元。这项经济业务是公司的一项资产（银行存款）增加、一项负债（短期借款）等额增加的经济业务，因此，公司资产总额和负债及所有者权益总额同时发生变化。所以，这项经济业务的发生不会改变会计等式的平衡关系，如表2－3所示。

表2－3　　鸿达公司2018年8月13日资产、负债及所有者权益的平衡关系　　单位：元

资产	金额	负债及所有者权益	金额
货币资金（银行存款）	1 512 000	短期借款	1 120 000
应收票据	98 000	应付票据	80 000
应收账款	119 000	应付账款	381 000
存货（原材料）	1 082 000	应付股利	0
固定资产	440 000	实收资本	1 300 000
		资本公积	170 000
		未分配利润	200 000
合计	3 251 000	合计	3 251 000

（3）8月16日，鸿达公司收到投资者追加投资500 000元款项已存入银行。

这项经济业务的发生，涉及银行存款和实收资本，银行存款是资产，增加了500 000元，由原来的1 512 000元增加到2 012 000元；实收资本是所有者权益，同时增加了500 000元，由原来的1 300 000元增加到1 800 000元。这项经济业务是公司的一项资产（银行存款）增加、一项所有者权益（实收资本）等额增加的经济业务，因此，公司资产总额和负债及所有者权益总额同时发生变化。所以，这项经济业务的发生不会改变会计等式平衡关系，如表2－4所示。

表2－4　　鸿达公司2018年8月16日资产、负债及所有者权益的平衡关系　　单位：元

资产	金额	负债及所有者权益	金额
货币资金（银行存款）	2 012 000	短期借款	1 120 000
应收票据	98 000	应付票据	80 000
应收账款	119 000	应付账款	381 000
存货（原材料）	1 082 000	应付股利	0
固定资产	440 000	实收资本	1 800 000
		资本公积	170 000
		未分配利润	200 000
合计	3 751 000	合计	3 751 000

（4）8月18日，鸿达公司用银行存款归还所欠乙公司的货款300 000元。

这项经济业务的发生，涉及银行存款和应付账款，银行存款是资产，减少了

300 000元，由原来的2 012 000元减少到1 712 000元；应付账款是负债，同时减少了300 000元，由原来的381 000元减少到81 000元。这项经济业务是公司的一项资产（银行存款）减少、一项负债（应付账款）等额减少的经济业务，因此，公司资产总额和负债及所有者权益总额同时发生变化。所以，这项经济业务的发生不会改变会计等式的平衡关系，如表2－5所示。

表2－5　鸿达公司2018年8月18日资产、负债及所有者权益的平衡关系　单位：元

资产	金额	负债及所有者权益	金额
货币资金（银行存款）	1 712 000	短期借款	1 120 000
应收票据	98 000	应付票据	80 000
应收账款	119 000	应付账款	81 000
存货（原材料）	1 082 000	应付股利	0
固定资产	440 000	实收资本	1 800 000
		资本公积	170 000
		未分配利润	200 000
合计	3 451 000	合计	3 451 000

（5）8月21日，投资鸿达公司的丙公司因故撤回投资800 000元，已用银行存款支付。

这项经济业务的发生，涉及银行存款和实收资本，银行存款是资产，减少了800 000元，由原来的1 712 000元减少到912 000元；实收资本是所有者权益，同时减少了800 000元，由原来的1 800 000元减少到1 000 000元。这项经济业务是公司的一项资产（银行存款）减少、一项所有者权益（实收资本）等额减少的经济业务，因此，公司资产总额和负债及所有者权益总额同时发生变化。所以，这项经济业务的发生不会改变会计等式的平衡关系，如表2－6所示。

表2－6　鸿达公司2018年8月21日资产、负债及所有者权益的平衡关系　单位：元

资产	金额	负债及所有者权益	金额
货币资金（银行存款）	912 000	短期借款	1 120 000
应收票据	98 000	应付票据	80 000
应收账款	119 000	应付账款	81 000
存货（原材料）	1 082 000	应付股利	0
固定资产	440 000	实收资本	1 000 000
		资本公积	170 000
		未分配利润	200 000
合计	2 651 000	合计	2 651 000

（6）8月22日，鸿达公司欠丁公司的货款50 000元已经到期，公司因流动资金不足开出商业汇票一张偿付所欠货款。

这项经济业务的发生，涉及应付账款和应付票据，应付账款是负债，减少了50 000

元，由原来的81 000元减少到31 000元；应付票据也是负债，增加了50 000元，由原来的80 000元增加到130 000元。这项经济业务是公司的一项负债（应付票据）增加、另一项负债（应付账款）等额减少的经济业务，因此，公司负债及所有者权益总额不会发生变化。另外，这项经济业务没有涉及资产项目，不会引起资产总额发生变化。所以，这项经济业务的发生不会改变会计等式的平衡关系，如表2－7所示。

表2－7　　鸿达公司2018年8月22日资产、负债及所有者权益的平衡关系　　单位：元

资产	金额	负债及所有者权益	金额
货币资金（银行存款）	912 000	短期借款	1 120 000
应收票据	98 000	应付票据	130 000
应收账款	119 000	应付账款	31 000
存货（原材料）	1 082 000	应付股利	0
固定资产	440 000	实收资本	1 000 000
		资本公积	170 000
		未分配利润	200 000
合计	2 651 000	合计	2 651 000

（7）8月22日，甲公司对外宣布分配现金股利100 000元，尚未发放到股东手中。

这项经济业务的发生，涉及应付股利和未分配利润，应付股利是负债，增加了100 000元，由原来的0元增加到100 000元，未分配利润是所有者权益，减少了100 000元，由原来的200 000元减少到100 000元。这项经济业务是公司的一项负债（应付股利）增加、一项所有者权益（未分配利润）等额减少的经济业务，因此，公司负债及所有者权益总额不会发生变化。另外，这项经济业务没有涉及资产项目，不会引起资产总额发生变化。所以，这项经济业务的发生不会改变会计等式的平衡关系，如表2－8所示。

表2－8　　鸿达公司2018年8月22日资产、负债及所有者权益的平衡关系　　单位：元

资产	金额	负债及所有者权益	金额
货币资金（银行存款）	912 000	短期借款	1 120 000
应收票据	98 000	应付票据	130 000
应收账款	119 000	应付账款	31 000
存货（原材料）	1 082 000	应付股利	100 000
固定资产	440 000	实收资本	1 000 000
		资本公积	170 000
		未分配利润	100 000
合计	2 651 000	合计	2 651 000

（8）8月23日鸿达公司应付给股东乙公司购买原材料款31 000元，经公司股东会议与股东乙公司协商，同意将欠款转作股东乙公司对甲公司增加的投资。

这项经济业务的发生，涉及应付账款和实收资本，应付账款是负债，减少了31 000

元，由原来的31 000元减少到0元；实收资本是所有者权益，增加了31 000元，由原来的1 000 000元增加到1 031 000元。这项经济业务是公司的一项所有者权益（实收资本）增加、一项负债（应付账款）等额减少的经济业务，因此，公司负债及所有者权益总额不会发生变化。另外，这项经济业务没有涉及资产项目，不会引起资产总额发生变化。所以，这项经济业务的发生不会改变会计等式的平衡关系，如表2－9所示。

表2－9　　鸿达公司2018年8月23日资产、负债及所有者权益的平衡关系　　单位：元

资产	金额	负债及所有者权益	金额
货币资金（银行存款）	912 000	短期借款	1 120 000
应收票据	98 000	应付票据	130 000
应收账款	119 000	应付账款	0
存货（原材料）	1 082 000	应付股利	100 000
固定资产	440 000	实收资本	1 031 000
		资本公积	170 000
		未分配利润	100 000
合计	2 651 000	合计	2 651 000

（9）8月26日，鸿达公司经批准同意以资本公积150 000元转增实收资本。

这项经济业务的发生，涉及资本公积和实收资本，资本公积是所有者权益，减少了150 000元，由原来的170 000元减少到20 000元；实收资本也是所有者权益，增加了150 000元，由原来的1 031 000元增加到1 181 000元。这项经济业务是公司的一项所有者权益（实收资本）增加、另一项所有者权益（资本公积）等额减少的经济业务，因此，公司负债及所有者权益总额不会发生变化。另外，这项经济业务没有涉及资产项目，不会引起资产总额发生变化。所以，这项经济业务的发生不会改变会计等式的平衡关系，如表2－10所示。

表2－10　　鸿达公司2018年8月26日资产、负债及所有者权益的平衡关系　　单位：元

资产	金额	负债及所有者权益	金额
货币资金（银行存款）	912 000	短期借款	1 120 000
应收票据	98 000	应付票据	130 000
应收账款	119 000	应付账款	0
存货（原材料）	1 082 000	应付股利	100 000
固定资产	440 000	实收资本	1 181 000
		资本公积	20 000
		未分配利润	100 000
合计	2 651 000	合计	2 651 000

根据上述经济业务的发生情况来看，每一项经济业务都会引起资产、负债、所有者权益的一项或两项发生增减变动，但不管资产、负债、所有者权益怎样变动，均不会影响会计等式的平衡关系。

第三章　会计科目与账户

第一节　会计科目

一、会计科目的概念与分类

（一）会计科目的概念

会计科目，是对会计要素的具体内容进行分类核算的项目。

经济业务的发生，会引起各项会计要素的增减变动。企业的经济业务错综复杂，即使涉及同一项会计要素，也往往具有不同的性质和内容。会计要素对会计对象来说，仍显得过于粗略，难以满足各方面对会计信息的需要。为此，需要对会计要素进行更为具体的分类，并分别赋予每一类别一个能概括说明其经济内容的名称，即会计科目。通过设置会计科目便于对会计对象的具体内容进行分类核算，使会计核算资料具有全面性、完整性和系统性。会计科目是进行各项会计记录和提供各项会计信息的基础，在会计核算中具有重要意义。

（二）会计科目的分类

会计科目可按其反映的经济内容（即所属会计要素）、所提供信息的详细程度及其统驭关系分类。

1. 按反映的经济内容分类

会计科目按其反映的经济内容不同，可分为资产类科目、负债类科目、共同类科目、所有者权益类科目、成本类科目和损益类科目。

（1）资产类科目，是对资产要素的具体内容进行分类核算的科目，按资产的流动性分为反映流动资产的科目和反映非流动资产的科目。反映流动资产的科目主要有“库存现金”“银行存款”“原材料”“应收账款”“库存商品”“预付账款”等。反映非流动资产的科目主要有“长期股权资产”“长期应收款”“固定资产”“无形资产”等。

（2）负债类科目，是对负债要素的具体内容分类核算的科目，按负债的偿还期分为流动负债与非流动负债。反映流动负债的科目主要有“短期借款”“应付账款”“应付职工薪酬”“应交税费”“预收账款”“应付股利”等科目。反映非流动负债的科目主要有“长期借款”“应付债券”“长期应付款”等。

（3）共同类科目，是既有资产性质又有负债性质的科目，主要有“清算资金往来”“外汇买卖”“衍生工具”“套期工具”“被套期项目”等科目。

（4）所有者权益类科目，是对所有者权益要素的具体内容进行分类核算的科目，按所有者权益的形成和性质可分为反映资本的科目和反映留存收益的科目。反映资本的科目主要有“实收资本”或“股本”“资本公积”等。反映留存收益的科目主要有“盈余公积”“本年利润”“利润分配”等。

（5）成本类科目，是对可归属于产品生产成本、劳务成本等的具体内容进行分类核算的科目，按成本的内容和性质的不同可分为反映制造成本的科目、反映劳务成本的科目。反映制造成本的科目主要有“生产成本”“制造费用”等。反映劳务成本的科目主要有“劳务成本”等。成本类科目归属于资本要素。

（6）损益类科目，是对收入、费用等的具体内容进行分类核算的科目。反映收入类的科目主要有“主营业务收入”“其他业务收入”“营业外收入”等。反映费用类的科目主要有“主营业务成本”“其他业务成本”“管理费用”“财务费用”“销售费用”“所得税费用”“营业外支出”等。

2. 按提供信息的详细程度及其统驭关系分类

会计科目按其提供的信息详细程度及其统驭关系，可以分为总分类科目和明细分类科目。

（1）总分类科目，又称总账科目或一级科目，是对会计要素的具体内容进行总括分类，提供总括信息的会计科目。总分类科目反映各种经济业务的概括情况，是进行总分类核算的依据，如“应收账款”“应付账款”“原材料”“预付账款”等科目。

（2）明细分类科目，又称明细科目，是对总分类科目做进一步分类、提供更为详细和具体的会计信息的科目。如果某一总分类科目所属的明细分类科目较多，可在总分类科目下设置二级明细科目，在二级明细科目下设置三级明细科目。二级明细分类科目是对总分类科目进一步分类的科目，三级明细分类科目是对二级明细分类科目进一步分类的科目。明细分类科目反映各种经济业务的详细情况，提供更为详细的信息。如“应收账款”科目需要根据债务人名称或姓名设置明细科目，反映应收各债务人款项的具体情况。

总分类科目和明细分类科目的关系：总分类科目对其所属的明细分类科目具有统驭和控制作用，而明细分类科目是对其归属的总分类科目的补充和说明。总分类科目及其所属的明细分类科目，共同反映经济业务总括或详细的情况。

二、会计科目的设置

（一）会计科目设置的原则

各单位由于经济业务活动的具体内容、规模大小与业务繁简程度等情况不尽相同，在具体设置会计科目时，应考虑其自身特点和具体情况，但设置会计科目时都应遵循以下原则。

1. **合法性原则**

合法性原则，指所设置的会计科目应当符合国家统一的会计制度规定。我国现行的统一会计制度中均对企业设置的会计科目作出规定，以保证不同企业对外提供的会计信息的可比性。对于国家统一会计制度规定的会计科目，企业可以根据自身的生产经营特点，在不影响统一会计核算要求以及对外提供统一的财务报表的前提下，自行增设、减少或合并某些会计科目。

2. **相关性原则**

相关性原则，指所设置的会计科目应当为有关各方提供所需要的会计信息服务，满足对外报告和对内管理的要求。根据《企业会计准则》的规定，企业财务报告提供的信息必须满足对内、对外各方面的需要，而设置会计科目必须服务于会计信息的提供，必须与财务报告的编制相协调、相关联。

3. **实用性原则**

实用性原则，指所设置的会计科目应当符合单位自身特点，满足单位实际需要。企业的组织形式、所处行业、经营内容以及业务种类等不同，在会计科目的设置上亦应有所区别。在合法性的基础上，企业应根据自身特点，设置符合企业需要的会计科目。会计科目的设置必须与企业的业务规模相适应。一般来说，业务繁多复杂、规模较大的企业，会计科目设置得详细一些。业务简单量少、规模较小的企业，会计科目可以设置得简略一些。要讲究实用，以免增加不必要的会计工作量。

（二）常用会计科目

2006 年颁布的《企业会计准则应用指南》设置了企业的会计科目。当下企业（除金融行业外）常用的会计科目如表 3－1 所示。

表 3－1　常用会计科目参照表

编号	名称	编号	名称
	一、资产类		二、负债类
1001	库存现金	2001	短期借款
1002	银行存款	2201	应付票据
1012	其他货币资金	2202	应付账款
1101	交易性金融资产	2203	预收账款
1121	应收票据	2211	应付职工薪酬
1122	应收账款	2221	应交税费

续表

编号	名称	编号	名称
1123	预付账款	2231	应付利息
1131	应收股利	2232	应付股利
1132	应收利息	2241	其他应付款
1221	其他应收款	2501	长期借款
1231	坏账准备	2502	应付债券
1401	材料采购	2701	长期应付款
1402	在途物资	2711	专项应付款
1403	原材料	2801	预计负债
1404	材料成本差异	2901	递延所得税负债
1405	库存商品		三、共同类（略）
1406	发出商品		四、所有者权益类
1408	委托加工物资	4001	实收资本
1471	存货跌价准备	4002	资本公积
1521	持有至到期投资	4101	盈余公积
1503	可供出售金融资产	4103	本年利润
1511	长期股权投资	4104	利润分配
1512	长期股权投资减值准备		五、成本类
1531	长期应收款	5001	生产成本
1601	固定资产	5101	制造费用
1602	累计折旧	5201	劳务成本
1603	固定资产减值准备	5301	研发支出
1604	在建工程		六、损益类
1605	工程物资	6001	主营业务收入
1606	固定资产清理	6051	其他业务收入
1701	无形资产	6101	公允价值变动损益
1702	累计摊销	6111	投资收益
1711	商誉	6301	营业外收入
1801	长期待摊费用	6401	主营业务成本
1811	递延所得税资产	6402	其他业务成本
1901	待处理财产损溢	6403	税金及附加

续表

编号	名称	编号	名称
		6601	销售费用
		6602	管理费用
		6603	财务费用
		6701	资产减值损失
		6711	营业外支出
		6801	所得税费用
		6901	以前年度损益调整

第二节　账户

一、账户的概念与分类

（一）账户的概念

账户是根据会计科目设置的，具有一定格式和结构，用于分类反映会计要素增减变动情况及其结果的载体。会计科目只是对会计对象进行分类，而要把各项会计要素增减变动情况和变动的结果进行记录和反映，还需要设置和运用账户。如为了反映企业库存现金的增减变动及结存情况，就要设置“库存现金”账户，并在此账户中记录库存现金的增加和减少。对于企业从银行等机构借入的不超过 1 年的债务的增加、偿还及结余情况，在设置的“短期借款”账户中进行记录。根据“银行存款”会计科目开设的“银行存款”账户，可以记录每一笔银行存款的增加和减少金额，并随时结出其余额。

会计账户的主要特点体现为以下两方面。

1. 账户提供分类的会计信息

对企业经济活动及其资金运动的全部内容，会计上需要根据会计要素的具体内容，科学合理地确立会计科目，并根据会计科目开设账户。如为记录资产要素及其具体项目的变化，根据资产类会计科目设立“库存现金”“银行存款”“交易性金融资产”“应收账款”“应收票据”“其他应收款”“原材料”“库存商品”“长期股权投资”“固定资产”“无形资产”等账户。资产类账户只记录各种资产的增减变动。如“应收账款”账户，用以记录因销售商品或提供劳务而发生的应收货款或代垫费用；“无形资产”账户，用以反映企业专利权、商标权等无形资产的取得、减少等情况。

2. 账户提供连续性的会计信息

账户记录会计信息时，必须具有连续性。如在固定资产账户中记录企业各种固定资产的取得和减少时，应当及时、完整地加以记录，不得遗漏。就某一个账户而言，该账户自企业该项资金或交易与事项（如原材料、库存商品、应交税费、制造费用、主营业务收入等）产生之日起，即对其进行连续不断地记录。

（二）账户的分类

账户可根据其核算的经济内容、提供信息的详细程度及其统驭关系进行分类。

1. 根据核算的经济内容进行划分

根据核算的经济内容，账户分为资产类账户、负债类账户、所有者权益类账户、成本类账户、损益类账户和共同类账户六类。

账户的经济内容是指账户所反映会计对象的具体内容。账户按经济内容分类是对账户最基本的分类，企业会计对象的具体内容可以归结为资产、负债、所有者权益、收入、费用和利润六项会计要素。由于企业在一定期间所取得的收入和发生的费用都将体现在当期损益中，因此可以将收入、费用账户归为损益类账户；而企业在一定期间实现的利润经过分配之后，最终要归属于企业的所有者权益类账户。另外，许多企业，特别是制造、加工企业，还需要专门设置进行产品成本核算的账户。由于特殊业务的需要，还增加了共同类账户。

（1）资产类账户。资产类账户是用来反映企业资产的增减变动及其结存情况的账户。按照资产的流动性和经营管理核算的需要，资产类账户又可以分为反映流动资产的账户和反映非流动资产的账户。反映流动资产的账户，如“库存现金”“银行存款”“应收账款”“原材料”“库存商品”等账户；反映非流动资产的账户，如“长期股权投资”“其他债权投资”“固定资产”“累计折旧”“无形资产”等账户。其中，有些资产类账户、负债类账户和所有者权益类账户存在备抵账户。备抵账户，又称抵减账户，指用来抵减被调整账户余额，以确定被调整账户实有数额而设置的独立账户。例如，“累计折旧”账户是用来核算固定资产的损耗价值的，它是“固定资产”账户的备抵账户。

（2）负债类账户。负债类账户是用来反映企业负债的增减变动及其结存情况的账户。按照负债的流动性或偿还期限的长短，负债类账户又可以分为反映流动负债的账户和反映非流动负债的账户。反映流动负债的账户，如“短期借款”“应付账款”“应付职工薪酬”“应交税费”“应付股利”等账户；反映非流动负债的账户，如“长期借款”“长期应付款”等账户。

（3）所有者权益类账户。所有者权益类账户是用来反映企业所有者权益的增减变动及其结存情况的账户。按照所有者权益的来源不同，所有者权益类账户又可以分为反映投入资本的账户和反映留存收益的账户。反映投入资本的账户，如“实收资本”

"资本公积"等账户；反映留存收益的账户，如"盈余公积""本年利润""利润分配"等账户。

（4）成本类账户。成本类账户是用来反映企业在生产经营过程中发生的各项耗费并计算产品或劳务成本的账户，如"生产成本""制造费用""劳务成本"等账户。

（5）损益类账户。损益类账户是用来反映企业收入和费用的账户。按照损益与企业的生产经营活动是否有关，损益类账户又可分为反映营业损益的账户和反映非经常性损益的账户。反映营业损益的账户，如"主营业务收入""主营业务成本""税金及附加""其他业务收入""其他业务成本"等账户；反映非经常性损益的账户，如"营业外收入""营业外支出"等账户。

（6）共同类账户。共同类账户既有资产类账户性质，又有负债类账户性质，既登记资产的增加和减少，也登记负债的增加和减少，其余额也不固定在账户的哪一方。例如，"清算资金往来"账户，不仅反映银行业系统内资金往来和同城票据清算中某行应收其他行的款项的增加和减少，也记录某行应付其他行款项的减少和增加等。

2. 根据提供信息的详细程度及其统驭关系进行划分

根据提供信息的详细程度及其统驭关系，账户分为总分类账户和明细分类账户。

（1）总分类账户，指根据总分类科目设置的、用于对会计要素具体内容进行总括分类核算的账户，简称总账账户或总账。例如，"生产成本"账户、"原材料"账户都是总分类账户。总账账户的名称、核算内容、使用方法通常是统一规定的，以满足会计核算指标和口径规范一致、且具可比性的需要。

（2）明细分类账户，是根据明细分类科目设置的、用来对会计要素具体内容进行明细分类核算的账户，简称明细账。总账账户称为一级账户，总账以下的账户称为明细账户。如"生产成本"账户下属的"一车间"和"二车间"，"原材料"账户下属的"A 材料"和"B 材料"，就是明细分类账户。

（3）总分类账户和明细分类账户的关系。总分类账户和所属明细分类账户核算的内容相同，只是反映内容的详细程度有所不同，两者相互补充，相互制约，相互核对。总分类账户统驭和控制所属明细分类账户，明细分类账户从属于总分类账户。

二、账户的功能与基本结构

（一）账户的功能

账户的功能在于连续、系统、完整地提供企业经济活动中各会计要素增减变动及其结果的具体信息。其中，会计要素在特定会计期间增加和减少的金额分别称为账户的本期增加发生额（本期增加额）和本期减少发生额（本期减少额），二者统称为账户的本期发生额；会计要素在会计期末的增减变动结果，称为账户的余额，具体表现为期初余额和期末余额，账户上期的期末余额转入本期，即为本期的期初余额；账户本期的期末余额转入下期，即为下期的期初余额。

账户的期初余额、期末余额、本期增加发生额和本期减少发生额统称为账户的四个金额要素。对于同一账户而言，它们之间的基本关系可用以下公式表示：

期末余额 = 期初余额 + 本期增加发生额 − 本期减少发生额

（二）账户的基本结构

账户的基本结构是指账户的组成部分及其相互关系，通常由以下内容组成：①账户名称，即会计科目；②日期，即所依据记账凭证中注明的日期；③凭证字号，即所依据记账凭证的编号；④摘要，即经济业务的简要说明；⑤金额，即增加额、减少额和余额。

因账户的基本结构在整体上类似于汉字“丁”和大写的英文字母“T”，所以账户的基本结构在实务中被形象地称为“丁”字账户或者“T”形账户。

“T”形账户结构如图 3 – 1 所示。

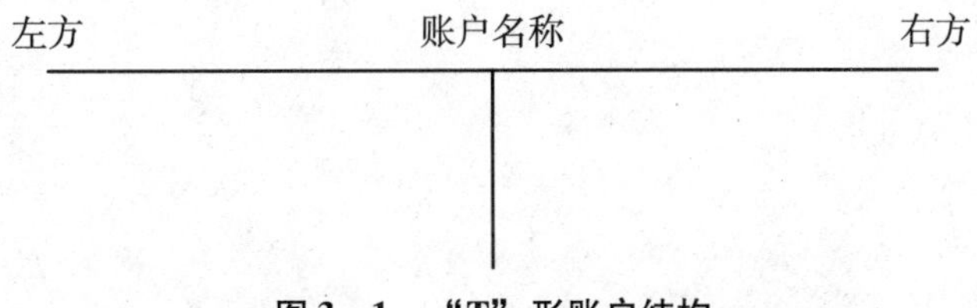

图 3 – 1　“T”形账户结构

在账户的左右两方，分别记录增加额和减少额，增减数额相抵后的差额，称为账户的余额，余额可以分为期初余额和期末余额。因此，通过账户记录的数额包括期初余额、本期增加额、本期减少额、期末余额四个核算指标。

在具体的账户中，至于左右两方究竟哪一方记录增加额，哪一方记录减少额，主要取决于账户记录的经济内容（即账户的性质）。账户的余额一般与记录的增加额在同一方。

在借贷记账法下，一般账户的格式如表 3 – 2 所示。

表 3 – 2　一般账户的格式

年		凭证		摘要	对应科目	借方	贷方	余额
月	日	字	号					

三、会计科目与账户的关系

从理论上讲，会计科目与账户是两个不同的概念，二者既有联系又有区别。联系是会计科目与账户都是对会计对象具体内容的分类，两者核算内容一致，性质相同。区别是会计科目的经济内容、性质、分类，决定了账户的经济内容、性质、分类；每个账户以一个会计科目命名，反映相同的经济内容。会计科目是账户的名称，也是设置账户的依据；账户是会计科目的具体运用，具有一定的结构和格式，并通过其结构反映某项经济内容的增减变动及其余额。另外，会计科目由国家统一规定，账户是由各单位根据本身实际情况自行设置。

第四章　会计记账方法

第一节　会计记账方法的种类

为了在账户中记录经济业务，提供必要的指标，必须使用一定的记账方法。记账方法一般可分为单式记账法和复式记账法两种类型。

一、单式记账法

单式记账法是指对发生的每一项经济业务，只在一个账户中加以登记的记账方法。在选择单式记账法时，重点考虑的是库存现金、银行存款以及债权债务方面发生的经济业务。因此，一般只设置“库存现金”“银行存款”“应收账款”“应付账款”等账户。例如，“以银行存款1 000元购买原材料”业务发生后，只在账户中记录“银行存款”减少了1 000元，而不记录“原材料”增加了1 000元。由于没有一套完整的账户体系，账户之间不能形成相互对应的关系，所以，单式记账法不能全面、系统地反映经济业务的来龙去脉，也不便于检查账户记录的正确性和完整性，是一种比较简单的、不完整的记录方法，也正是因为如此，单式记账法在现代会计中很少使用。

二、复式记账法

复式记账法是指对于每一笔经济业务都要用相等的金额在两个或两个以上相互联系的账户中进行登记，系统地反映会计要素增减变化的一种记账方法。例如，“以银行存款1 000元购买原材料”这笔业务在记账时候，应一方面在“银行存款”账户记录“银行存款”减少了1 000元，另一方面在“原材料”账户中记录增加1 000元。由于在复式记账法下，会计科目设置完整，账户记录之间存在着相互联系，可以全面、系统地反映经济业务的来龙去脉，并且由于复式记账法以相等金额在有关账户中进行记录，便于用试算平衡的原理来检查账户处理和账簿记录的正确性，因此，在现代会计中，复式记账法被广泛采用。

第二节　借贷记账法

一、借贷记账法的概念

借贷记账法是一种以“借”“贷”作为记账符号，以“有借必有贷，借贷必相等”为记账原则，对每项经济业务都在两个或两个以上有关账户中相互联系地进行记录的一种复式记账方法。借贷记账法起源于13世纪前后的意大利，是目前世界各国普遍采用的一种复式记账方法。

“借”“贷”两字最初是有含义的。在13世纪前后的意大利，借贷资本盛行，资本家把从债权人那里吸收的款项称为“贷”，表示“欠人”；把向债务人放出的款项称为“借”，表示“人欠”。这样，从资本家的角度来看，“借”“贷”就表示资本家债权、债务的增减变动。

随着社会经济的发展、经济活动的日益复杂，记账内容逐步扩展，不仅要在账簿中记录货币的借贷，还要记录各项财产物资和经济损益的增减变动。为了保证记账的一致性，对涉及非货币资金的业务，也用借贷来说明其增减变动，这样，“借”“贷”两字逐渐失去其原意，转化为纯粹的记账符号。账户左方为借方，账户右方为贷方，至于哪方记增加，哪方记减少，要根据账户的性质来决定。也就是说，“借”和“贷”本身不表示增和减，只有与具体的账户结合后才可以表示增和减。

二、借贷记账法下账户的结构

（一）借贷记账法下账户的基本结构

在借贷记账法下，账户的左方称为借方，右方称为贷方。所有账户的借方和贷方按相反方向记录增加数和减少数，即一方登记增加额，另一方就登记减少额。至于“借”表示增加，还是“贷”表示增加，则取决于账户的性质与所记录经济内容的性质。

通常而言，资产、成本和费用类账户的增加用“借”表示，减少用“贷”表示；负债、所有者权益和收入类账户的增加用“贷”表示，减少用“借”表示。备抵账户的结构与所调整账户的结构正好相反。例如，在资产类账户中，“累计折旧”账户作为“固定资产”账户的备抵账户，其借方登记减少额，贷方登记增加额，与“固定资产”账户的结构正好相反。再比如，在所有者权益类账户中，“利润分配”账户作为“本年利润”账户的备抵账户，其贷方登记减少额，借方登记增加额，与“本年利润”账户的结构正好相反。

（二）资产类和成本类账户的结构

在借贷记账法下，资产类和成本类账户的结构是相同的，其借方登记增加额，贷方登记减少额，增加额和减少额是在一定的会计期间内发生的，所以，增加额和减少额也称为本期发生额。资产类和成本类账户期末一般都有余额，余额的方向与记录增加的方向一致，所以，期末余额一般在借方，有些账户可能无余额。资产类和成本类账户的结构如图 4－1 所示。

借方　　资产类和成本类账户　　贷方

借方		贷方	
期初余额	× ×		
本期增加额	× × × × ……	本期减少额	× × × × ……
本期借方发生额合计	× ×	本期贷方发生额合计	× ×
期末余额	× ×		

图 4－1　资产类和成本类账户的结构

资产类和成本类账户余额的计算公式：

期末借方余额 = 期初借方余额 + 本期借方发生额 － 本期贷方发生额

例如，假定某企业的“原材料”科目期初余额为4 000元，本期借方发生额为9 000元，本期贷方发生额为5 000元，则“原材料”科目期末余额计算如下：

“原材料”科目借方期末余额 =4 000 +9 000 －5 000 =8 000（元）

（三）负债类和所有者权益类账户的结构

在借贷记账法下，负债类和所有者权益类账户的结构是相同的，其贷方登记增加额，借方登记减少额。因为其贷方登记的是增加额，所以本期贷方发生额反映的是增加额的合计数；同理，本期借方发生额反映的是减少额的合计数。负债类和所有者权益类账户期末一般也都有余额，期末余额一般在贷方，有些账户可能无余额。负债类和所有者权益类账户的结构如图 4－2 所示。

借方　　负债类和所有者权益类账户　　贷方

借方		贷方	
		期初余额	× ×
本期减少额	× × × × ……	本期增加额	× × × × ……
本期借方发生额合计	× ×	本期贷方发生额合计	× ×
		期末余额	× ×

图 4－2　负债类和所有者权益类账户的结构

负债类和所有者权益类账户余额的计算公式：

期末贷方余额 = 期初贷方余额 + 本期贷方发生额 − 本期借方发生额

例如，假定某企业“短期借款”科目的期初余额为60 000元，本期贷方发生额20 000元，本期借方发生额40 000元；“本年利润”科目的期初余额为500 000元，本期贷方发生额为1 000 000元，本期借方发生额为800 000元。则“短期借款”科目和“本年利润”科目的期末余额计算如下：

“短期借款”科目贷方期末余额 = 60 000 + 20 000 − 40 000 = 40 000（元）

“本年利润”科目贷方期末余额 = 500 000 + 1 000 000 − 800 000 = 700 000（元）

（四）损益类账户的结构

损益类账户主要包括收入类账户和费用类账户。

1. 收入类账户的结构

企业的收入将导致企业利润的增加，最终将引起所有者权益的增加。因此，在借贷记账法下，收入类账户的结构与权益类账户结构相似，即收入类账户的贷方登记增加额，借方登记减少额，平时的余额记在会计科目的贷方。但与权益类账户不同的是，收入是企业在一定期间取得的经营业绩，不应留存到下一会计期间，应当在当期予以结转，以便下一会计期间的收入账户金额能够反映下一会计期间的实际收入状况，期末要将全部余额转入“本年利润”账户的贷方，用以计算当期损益，结算本期利润。因此，收入类账户一般期末无余额。其账户的结构如图 4 − 3 所示。

借方　　　　收入类账户　　　　贷方

借方		贷方	
本期减少额	× ×	本期增加额	× ×
本期转出额	× ×		× ×
	……		……
本期借方发生额合计	× ×	本期贷方发生额合计	× ×

图 4 − 3　收入类账户的结构

2. 费用类账户的结构

在借贷记账法下，费用类账户的借方登记增加额，贷方登记减少额。本期费用净额在期末转入“本年利润”账户，用以计算当期损益，结转后无余额。费用类账户的结构如图 4 − 4 所示。

借方　　　　费用类账户　　　　贷方

借方		贷方	
本期增加额	× ×	本期减少额	× ×
	× ×	本期转出额	× ×
	……		……
本期借方发生额合计	× ×	本期贷方发生额合计	× ×

图 4 − 4　费用类账户的结构

总的来说，借贷记账法下六类账户的结构概括如下：资产类、成本类、费用类的增加和负债类、所有者权益类、收入类的减少在相应账户的借方登记；负债类、所有者权益类、收入类的增加和资产类、成本类、费用类的减少在相应账户的贷方登记；借方余额一般表示的是资产类，贷方余额一般表示的是负债类或所有者权益类。各类账户的基本结构归纳如表 4－1 所示。

表 4－1　　借贷记账法下各类账户的基本结构

账户类别	借方	贷方	余额方向
资产类和成本类	增加	减少	借方
负债类和所有者权益	减少	增加	贷方
收入类	减少（或转出）	增加	无余额
费用类	增加	减少（或转出）	无余额

三、借贷记账法的记账规则

所谓记账规则是指采用某种记账方法登记具体经济业务时应当遵循的规律。借贷记账法的记账规则是“有借必有贷，借贷必相等”。即对于每一项经济业务，如果在一个会计科目中登记了借方，必须同时在另一个或几个会计科目中登记贷方；或者反过来说，如果在一个会计科目中登记了贷方，必须在另一个或几个会计科目中登记借方，并且登记在借方和贷方的金额必须相等。这是借贷记账法下会计科目结构和经济业务类型相结合的结果，它符合“资产＝负债＋所有者权益”的会计恒等理论。

下面以鸿达公司 2018 年 7 月及 8 月发生的经济业务为例，说明“有借必有贷，借贷必相等”的记账规则。

【例 4－1】2018 年 7 月 1 日，甲、乙两人共同投资，注册鸿达公司。其中，甲投入600 000元，乙投入400 000元。

分析：这笔经济业务涉及“银行存款”和“实收资本”两个账户，“银行存款”为资产类账户，增加1 000 000元，“实收资本”为所有者权益类账户，增加1 000 000元。根据资产类账户增加记借方，所有者权益类账户增加记贷方，该经济业务应记入“银行存款”账户的借方1 000 000元和“实收资本”账户的贷方1 000 000元。该项经济业务属于资产类与所有者权益类账户同时等额增加的类型，如图 4－5 所示。

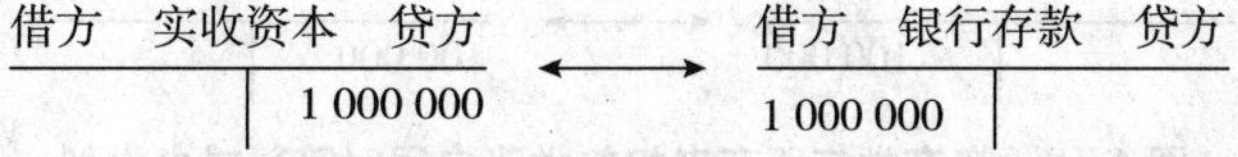

图 4－5　资产类与所有者权益类账户同时等额增加类型

【例 4－2】2018 年 8 月 5 日，鸿达公司从东方公司购置原材料一批250 000元，货款暂欠。

分析：这笔经济业务涉及“原材料”和“应付账款”两个账户，“原材料”为资产类账户，增加250 000元，“应付账款”为负债类账户，也增加250 000元。根据资产类账户增加记借方，负债类账户增加记贷方，该经济业务应记入“原材料”账户的借方250 000元和“应付账款”账户的贷方250 000元。该项经济业务属于资产类与负债类账户同时等额增加的类型，如图4－6所示。

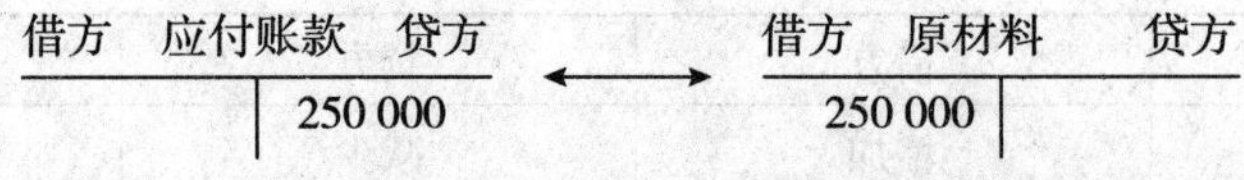

图4－6　资产类与负债类账户同时等额增加类型

【例4－3】2018年8月7日，鸿达公司以银行存款200 000元偿还以前欠东方公司的部分货款。

分析：这笔经济业务涉及“银行存款”和“应付账款”两个账户，“银行存款”为资产类账户，减少200 000元，“应付账款”为负债类账户，也减少200 000元。根据资产类账户减少记贷方，负债类账户减少记借方，该经济业务应记入“银行存款”账户的贷方200 000元和“应付账款”账户的借方200 000元。该项经济业务属于资产类与负债类账户同时等额减少的类型，如图4－7所示。

借方　银行存款　贷方
200 000
借方　应付账款　贷方
200 000

图4－7　资产类与负债类账户同时等额减少类型

【例4－4】2018年8月10日，甲决定撤回投资100 000元，鸿达公司以银行存款支付。

分析：这笔经济业务涉及“银行存款”和“实收资本”两个账户，“银行存款”为资产类账户，减少100 000元，“实收资本”为所有者权益类账户，也减少100 000元。根据资产类账户减少记贷方，所有者权益类账户减少记借方，该经济业务应记入“银行存款”账户的贷方100 000元和“实收资本”账户的借方100 000元。该项经济业务属于资产类与所有者权益类账户同时等额减少的类型，如图4－8所示。

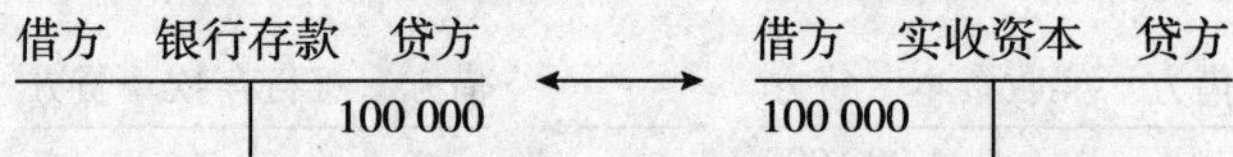

图4－8　资产类与所有者权益类账户同时等额减少类型

【例4－5】2018年8月10日，鸿达公司以银行存款购买轿车一辆，价值300 000元。

分析：这笔经济业务涉及“银行存款”和“固定资产”两个账户，“银行存款”

和“固定资产”均为资产类账户，“银行存款”减少300 000元，“固定资产”增加300 000元。根据资产类账户增加记借方，减少记贷方，该经济业务应记入“银行存款”账户的贷方300 000元和“固定资产”账户的借方300 000元。该项经济业务属于资产类账户以相等金额此增彼减的类型，如图4－9所示。

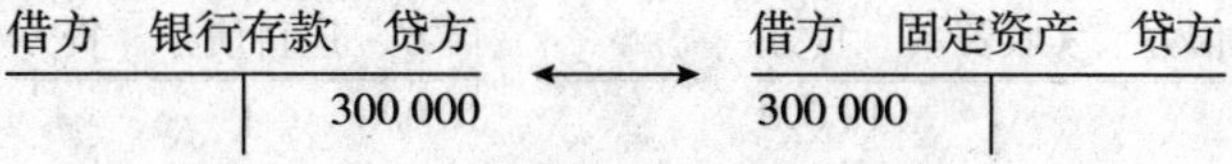

借方　银行存款　贷方 ←→ 借方　固定资产　贷方

300 000　　300 000

图4－9　资产类账户以相等金额此增彼减类型

【例4－6】2018年8月15日，鸿达公司将已到期的应付票据200 000元转为应付账款。

分析：这笔经济业务涉及“应付票据”和“应付账款”两个账户，“应付票据”和“应付账款”均为负债类账户，“应付票据”减少200 000元，“应付账款”增加200 000元。根据负债类账户增加记贷方，减少记借方，该经济业务应记入“应付账款”账户的贷方200 000元和“应付票据”账户的借方200 000元。该项经济业务属于负债类账户以相等金额此增彼减的类型，如图4－10所示。

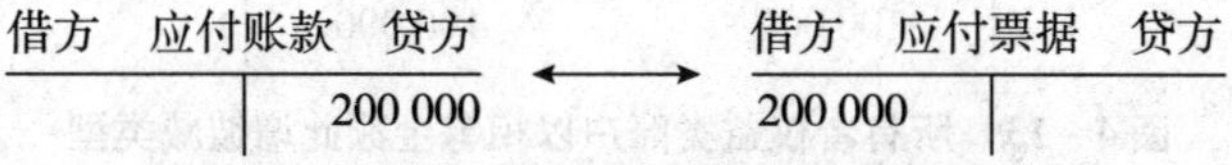

借方　应付账款　贷方 ←→ 借方　应付票据　贷方

200 000　　200 000

图4－10　负债类账户以相等金额此增彼减类型

【例4－7】2018年8月20日，鸿达公司决定以盈余公积100 000元向投资者分配利润。

分析：这笔经济业务涉及“应付股利”和“盈余公积”两个账户，“应付股利”为负债类账户，增加100 000元，“盈余公积”为所有者权益类账户，减少100 000元。根据负债、所有者权益类账户增加记贷方，减少记借方，该经济业务应记入“应付股利”账户的贷方100 000元，“盈余公积”账户的借方100 000元。该项经济业务属于负债类与所有者权益类账户之间以相等金额此增彼减的类型，如图4－11所示。

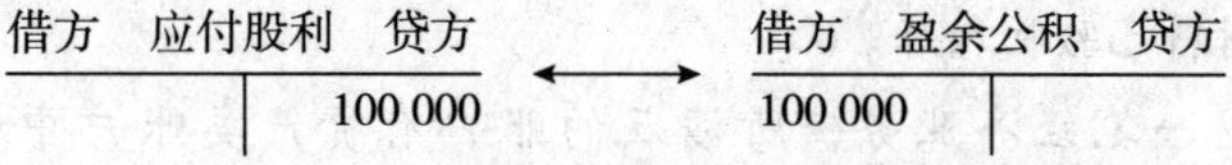

借方　应付股利　贷方 ←→ 借方　盈余公积　贷方

100 000　　100 000

4－11　负债类与所有者权益类账户以相等金额此增彼减类型

【例4－8】2018年8月20日，经批准将鸿达公司原发行的10 000元应付债券转为实收资本。

分析：这笔经济业务涉及“应付债券”和“实收资本”两个账户，“应付债券”

为负债类账户，减少10 000元，“实收资本”为所有者权益类账户，增加10 000元。根据负债类、所有者权益类账户增加记贷方，减少记借方，该经济业务应记入“应付债券”账户的借方10 000元，“实收资本”账户的贷方10 000元。该项经济业务属于负债类与所有者权益类账户之间以相等金额此增彼减的类型，如图4－12所示。

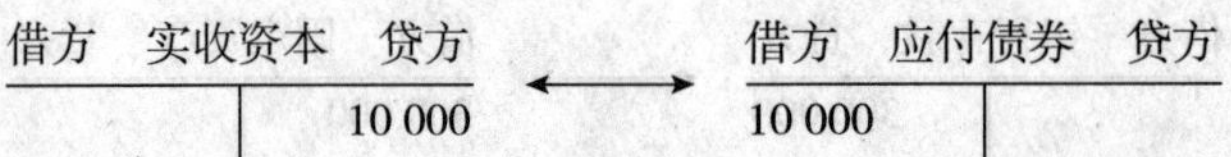

4－12 负债类与所有者权益类账户以相等金额此增彼减类型

【例4－9】2018年8月22日，鸿达公司将资本公积100 000元转增资本金。

分析：这笔经济业务涉及“实收资本”和“资本公积”两个账户，“实收资本”和“资本公积”均为所有者权益类账户，“实收资本”增加100 000元，“资本公积”减少100 000元。根据所有者权益类账户增加记贷方，减少记借方，该经济业务应记入“实收资本”账户的贷方100 000元，“资本公积”账户的借方100 000元。该项经济业务属于所有者权益类账户以相等金额此增彼减的类型，如图4－13所示。

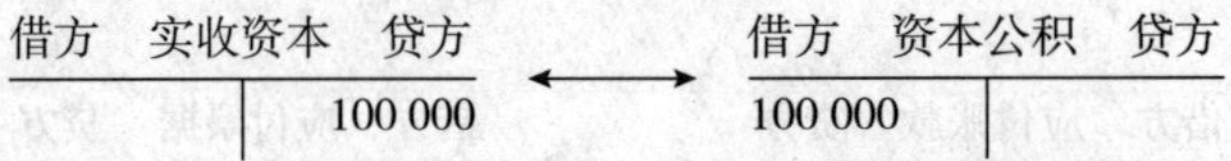

图4－13 所有者权益类账户以相等金额此增彼减类型

在上述列举的每一笔经济业务中，所涉及的账户只有两个，但实际的经济业务要复杂得多，有可能同时涉及一个账户的借方和几个账户的贷方，或者是一个账户的贷方和几个账户的借方，或者是多个账户的借方和多个账户的贷方。无论一笔经济业务有多么复杂，在借贷记账法下，都遵循同样的“有借必有贷，借贷必相等”记账规则。当一笔经济业务涉及一个账户的借方和几个账户的贷方时，那么就应该使该账户借方的金额等于其他几个账户贷方的金额之和，使借贷两方的金额相等。反过来，一笔经济业务涉及一个账户的贷方和几个账户的借方时，也应该使该账户贷方的金额与其他几个借方账户的金额之和相等。

【例4－10】鸿达公司购入原材料一批，价格50 000元，以银行存款支付30 000元，余款尚未支付，材料已验收入库。

分析：对于这一笔经济业务，所涉及的账户有资产类账户中的“原材料”和“银行存款”账户，负债类账户中的“应付账款”账户。“原材料”增加50 000元，“银行存款”减少30 000元，“应付账款”增加20 000元。这里所涉及的三个账户中，“原材料”账户增加，应记入借方；“银行存款”账户减少，应记入贷方；“应付账款”账户增加，应记入贷方。因此，记入借方的有一个账户，记入贷方的有两个账户。处理时，应使“原材料”账户的借方金额等于记入“银行存款”账户和“应付账款”账户的贷方金额之和，即“原材料”账户借方登记50 000元，“银行存款”账户贷方登记30 000元和“应付账款”账户贷方登记20 000元，借贷两方金额相等。其具体结果如图4－14所示。

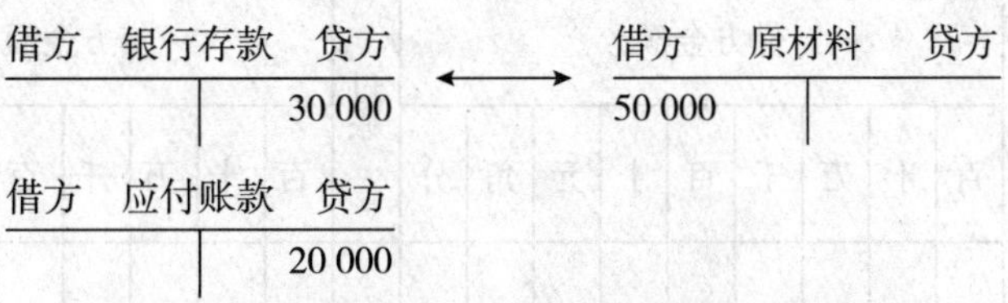

图4－14　复杂经济业务下账户以相等金额此增彼减类型

四、借贷记账法下的账户对应关系与会计分录

（一）账户的对应关系

账户的对应关系是指采用借贷记账法对每笔交易或事项进行记录时，相关账户之间形成的应借应贷的相互关系。存在对应关系的账户称为对应账户。例如，收到100 000元的投资款，就要在“银行存款”的借方和“实收资本”的贷方进行记录，这样“银行存款”和“实收资本”账户就发生了对应关系，这两个账户就成了对应账户。

掌握账户的对应关系很重要。通过分析账户的对应关系，一方面可以了解经济业务的内容，另一方面还可以检查经济业务的发生是否合理合法。

（二）会计分录

1. 会计分录的含义

所谓会计分录，就是指某项经济业务发生时，标明其应借应贷会计科目及其金额的一种简明记录，简称分录。一笔完整的会计分录应该包括三个要素：会计科目（账户名称）、记账符号（方向）及金额。

为了保证账簿记录的正确性，在将经济业务登记入账前，应先对每项经济业务进行分析，确定其应登记的会计科目的名称、方向及应借应贷金额，这是对经济业务的会计确认和计量结果进行的初步记载，也是将经济业务记入账簿前的一项准备工作。在会计实际工作中，会计分录是根据记载各项经济业务的原始凭证、在具有一定格式的记账凭证中编制的。会计分录是会计凭证的核心。

会计分录的常见格式：先借后贷，借贷分行，借方在上，贷方在下；贷方记账符号、账户、金额都要比借方退后一格，表明借方在左，贷方在右。示例如下：

借：管理费用——招待费　　　　1 000
　贷：库存现金　　　　　　　　　1 000

在我国，会计分录记载于记账凭证中，如图 4－15 所示。

记账凭证

2015年12月26日　　　　　　字第79号

摘要	总账科目	明细科目	过账	借方金额									过账	贷方金额								
				百	十	万	千	百	十	元	角	分		百	十	万	千	百	十	元	角	分
支付招待费	管理费用	招待费	√				1	0	0	0	0	0										
	库存现金												√				1	0	0	0	0	0
合计						¥	1	0	0	0	0	0				¥	1	0	0	0	0	0

财务主管：王鑫　　记账：徐珊　　出纳：刘丽　　复核：王龙　　制单：宋佳佳

图 4－15　记账凭证

2. 会计分录的分类

按照所涉及账户的多少，会计分录分为简单会计分录和复合会计分录。

(1) 简单会计分录，指只涉及一个账户借方和另一个账户贷方的会计分录，即一借一贷的会计分录。这种分录，其科目对应关系一目了然。

【例 4－11】承【例 4－1】～【例 4－9】，各项经济业务对应的会计分录：

①借：银行存款　　1 000 000

　贷：实收资本　　1 000 000

②借：原材料　　250 000

　贷：应付账款　　250 000

③借：应付账款　　200 000

　贷：银行存款　　200 000

④借：实收资本　　100 000

　贷：银行存款　　100 000

⑤借：固定资产　　300 000

　贷：银行存款　　300 000

⑥借：应付票据　　200 000

　贷：应付账款　　200 000

⑦借：盈余公积　　100 000

　贷：应付股利　　100 000

⑧借：应付债券　　10 000

　贷：实收资本　　10 000

⑨借：资本公积　　100 000

　贷：实收资本　　100 000

（2）复合会计分录，指由两个以上（不含两个）对应账户组成的会计分录，即一借多贷，多借一贷或多借多贷的会计分录。编制复合会计分录，既可以集中反映某项经济业务的全面情况，又可以简化记账工作，提高会计工作效率。复合会计分录可为“一借多贷”或“一贷多借”，如果一项经济业务涉及多借多贷的科目，为全面反映此项经济业务，也可以编制“多借多贷”的复合会计分录，但不允许把反映不同类型的经济业务合并编制“多借多贷”的复合会计分录。

【例4－12】承【例4－10】，该业务对应的会计分录如下：

借：原材料　　50 000

　贷：银行存款　　30 000

　　　应付账款　　20 000

这便是一个复合会计分录，它是由一个借方科目与两个贷方科目相对应组成的。复合会计分录实际上是由几个简单会计分录合并组成的。因而必要时可将其分解为若干个简单会计分录。如上面的复合会计分录可分解为以下两个简单会计分录：

①借：原材料　　30 000

　贷：银行存款　　30 000

②借：原材料　　20 000

　贷：应付账款　　20 000

3. 会计分录的编制步骤

第一步，分析经济业务事项涉及的是资产（成本、费用）还是权益（收入）。

第二步，根据经济业务引起的会计要素的增减变化，确定涉及哪些会计科目，是增加还是减少。

第三步，根据会计科目的性质和会计科目结构，确定记入哪个（哪些）会计科目的借方、哪个（哪些）会计科目的贷方。

第四步，根据借贷记账法的记账规则，确定应借应贷会计科目是否正确，借贷方金额是否相等。

五、借贷记账法下的试算平衡

（一）试算平衡的含义

试算平衡，指根据借贷记账法的记账规则和资产与权益的恒等关系，通过对所有账户的发生额和余额的汇总计算和比较来检查记录是否正确的一种方法。

（二）试算平衡的分类

1. 发生额试算平衡

发生额试算平衡是指全部账户本期借方发生额合计与全部账户本期贷方发生额合计保持平衡。按照借贷记账法“有借必有贷，借贷必相等”的记账规则，每一笔经济业务借贷双方的发生额必然相等，在将一定时期（如1个月、1个季度或1年）全部经济业务都登记入账后，所有账户的借方发生额合计数必然等于所有账户的贷方发生额合计数。用公式表示如下：

全部账户本期借方发生额合计 = 全部账户本期贷方发生额合计

发生额试算平衡的直接依据是借贷记账法的记账规则。

2. 余额试算平衡

余额试算平衡是指全部账户借方期末（初）余额合计与全部账户贷方期末（初）余额合计保持平衡。根据财务状况等式“资产 = 负债 + 所有者权益”，期末（初）所有资产账户余额的合计数必然等于期末（初）所有权益（负债和所有者权益）账户余额的合计数。在借贷记账法下，资产类账户的期末余额在借方，权益类账户的期末余额在贷方，因此，所有账户的借方余额合计数必然等于所有账户的贷方余额合计数。用公式表示如下：

全部账户借方期末（初）余额合计 = 全部账户贷方期末（初）余额合计

余额试算平衡的直接依据是财务状况等式。

（三）试算平衡表的编制

试算平衡是通过编制试算平衡表进行的。试算平衡表通常是在期末结出各账户的本期发生额合计和期末余额后编制的，试算平衡表中一般应设置“期初余额”“本期发生额”和“期末余额”三大栏目，其下分设“借方”和“贷方”两个小栏（见表4－2）。各大栏中的借方合计与贷方合计应该平衡相等，否则，便存在记账错误。为了简化表格，试算平衡表也可只根据各个账户的本期发生额编制，不填列各账户的期初余额和期末余额。

表 4－2　　试算平衡表

账户名称	期初余额		本期发生额		期末余额	
	借方	贷方	借方	贷方	借方	贷方
合计						

在编制试算平衡表时，应注意以下几点。

（1）必须保证所有会计科目的余额均已记入试算平衡表。因为会计等式是对会计要素整体而言的，缺少任何一个会计科目的余额，都会造成期初或期末借方余额合计与贷方余额合计不相等。

（2）如果试算平衡表借贷不相等，则会计科目记录存在错误，应认真查找，直到实现平衡为止。

（3）即便实现了借贷平衡，也并不能说明会计科目记录绝对正确，因为有些错误并不会影响借贷双方的平衡关系。例如：①漏记某项经济业务，将使本期借贷双方的发生额发生等额减少，借贷仍然平衡；②重记某项经济业务，将使本期借贷双方的发生额发生等额虚增，借贷仍然平衡；③某项经济业务记错有关会计科目，借贷仍然平衡；④某项经济业务在会计科目记录中，颠倒了记账方向，借贷仍然平衡；⑤借方或贷方发生额中，偶然发生多记和少记并相互抵消，借贷仍然平衡；⑥某项经济业务记录的应借应贷科目正确，但借贷双方金额同时多记或少记且金额一致，借贷仍然平衡等。

因此，需要对所有的会计记录进行日常或定期的复核，以保证账户记录的正确性。

【例 4－13】根据前面【例 4－1】～【例 4－9】，鸿达公司 7 月、8 月发生的 9 笔经济业务，可以编制如表 4－3 所示的发生额试算平衡表。

表 4－3　　本期发生额试算平衡表　　2018 年 8 月 31 日　单位：元

账户名称	本期发生额	
	借方	贷方
银行存款	①1 000 000	③200 000；④100 000；⑤300 000
原材料	②250 000	
固定资产	⑤300 000	
应付票据	⑥200 000	
应付账款	③200 000	②250 000；⑥200 000
应付股利		⑦100 000
应付债券	⑧10 000	

续表

账户名称	本期发生额	
	借方	贷方
实收资本	④100 000	①1 000 000；⑧10 000；⑨100 000
资本公积	⑨100 000	
盈余公积	⑦100 000	
合计	2 260 000	2 260 000

【例4－14】承【例4－1】～【例4－9】，假定鸿达公司8月有关账户的期初余额如表4－4所示。根据表4－4和前述9笔经济业务，可编制如表4－5所示的余额试算平衡表。

表4－4　鸿达公司2018年8月期初余额　单位：元

资产	金额	负债和所有者权益	金额
库存现金	2 000	应付票据	300 000
银行存款	98 000	应付账款	200 000
应收账款	160 000	应付股利	80 000
原材料	440 000	实收资本	360 000
固定资产	800 000	资本公积	160 000
		盈余公积	400 000
合计	1 500 000	合计	1 500 000

表4－5　鸿达公司2018年8月余额试算平衡表　单位：元

账户名称	期初余额		本期发生额		期末余额	
	借方	贷方	借方	贷方	借方	贷方
库存现金	2 000				2 000	
银行存款	98 000		1 000 000	600 000	498 000	
应收账款	160 000				160 000	
原材料	440 000		250 000		690 000	
固定资产	800 000		300 000		1 100 000	
应付票据		300 000	200 000			100 000
应付账款		200 000	200 000	450 000		450 000
应付债券			10 000		10 000	

续表

账户名称	期初余额		本期发生额		期末余额	
	借方	贷方	借方	贷方	借方	贷方
应付股利		80 000		100 000		180 000
实收资本		360 000	100 000	1 110 000		1 370 000
资本公积		160 000	100 000			60 000
盈余公积		400 000	100 000			300 000
合计	1 500 000	1 500 000	2 260 000	2 260 000	2 460 000	2 460 000

第五章　主要经济业务的账务处理

第一节　资金筹集业务的账务处理

一个企业正常经营必须具有一定的经营资金，这是企业生存和发展的前提。企业的资金筹集业务按其资金来源通常分为所有者权益筹资和负债筹资。所有者权益筹资形成所有者的权益（通常称为权益资本），包括投资者的投资及其增值，这部分资本的所有者既享有企业的经营收益，也承担企业的经营风险；负债筹资形成债权人的权益（通常称为债务资本），主要包括企业向债权人借入的资金和结算形成的负债资金，这部分资本的所有者享有按约收回本金和利息的权利。

一、所有者权益筹资业务的核算

（一）所有者投入资本的构成

所有者投入资本，是所有者对企业注册资金的出资额，也是企业注册登记的法定资本金的来源。在我国，投入资本按照投资主体的不同可以分为国家资本金、法人资本金、个人资本金和外商资本金。国家资本金是指有权代表国家投资的政府部门或者机构以国有资产投入企业形成的资本金。法人资本金是指其他法人单位以其依法可以支配的资产投入企业形成的资本金。个人资本金是指社会公众以个人合法财产投入企业形成的资本金。外商资本金是指外国投资者以及我国香港、澳门和台湾地区投资者向企业投资而形成的资本金。

所有者投入的资本主要包括实收资本（或股本）和资本公积。

（1）实收资本。实收资本（或股本）是指企业的投资者按照企业章程、合同或协议的约定实际投入企业的资本金，以及按照有关规定由资本公积、盈余公积等转增资本的资金。根据《中华人民共和国公司法》（以下简称《公司法》）等法律法规的规定，投资者可以采取货币资产和非货币资产两种形式出资，也就是说，投资者可以用货币出资，也可以用实物、知识产权、土地使用权等可以用货币估价并可以依法转让的非货币财产作价出资；但是，法律、行政法规规定不得作为出资的财产除外。

（2）资本公积。资本公积是企业收到投资者投入的超出其在企业注册资本（或股本）中所占份额的投资，以及直接计入所有者权益的利得和损失等。资本公积作为企业所有者权益的重要组成部分，主要用于转增资本。

（二）账户设置

1. "实收资本（或股本）"账户

"实收资本"账户（股份有限公司一般设置"股本"账户）属于所有者权益类账户，用以核算企业接受投资者投入的实收资本。

该账户贷方登记所有者投入企业资本金的增加额，借方登记所有者投入企业资本金的减少额。期末余额在贷方，反映企业期末实收资本（或股本）总额。

该账户可按投资者的不同设置明细账户，进行明细核算。

2. "资本公积"账户

"资本公积"账户属于所有者权益类账户，用以核算企业收到投资者出资额超出其在注册资本或股本中所占份额的部分，以及直接计入所有者权益的利得和损失等。

该账户借方登记资本公积的减少额，贷方登记资本公积的增加额。期末余额在贷方，反映企业期末资本公积的结余数额。

该账户可按资本公积的来源不同，分别以"资本溢价（或股本溢价）""其他资本公积"进行明细核算。

3. "银行存款"账户

"银行存款"账户属于资产类账户，用以核算企业存入银行或其他金融机构的各种款项，但是银行汇票存款、银行本票存款、信用卡存款、信用证保证金存款、存出投资款、外埠存款等，通过"其他货币资金"账户核算。

该账户借方登记存入的款项，贷方登记提取或支出的存款。期末余额在借方，反映企业存在银行或其他金融机构的各种款项。

该账户应当按照开户银行、存款种类等分别进行明细核算。

4. "无形资产"账户

"无形资产"账户核算企业持有的无形资产成本，包括专利权、专有技术、商标权、著作权、土地使用权等，属于资产类账户。借方登记企业购入、自行开发或通过其他途经取得的无形资产成本；贷方登记企业处置的无形资产的成本；期末余额在借方，表示企业持有的无形资产的成本。该账户可按无形资产项目进行明细核算。

（三）账务处理

企业接受投资者投入的资本，借记"银行存款""固定资产""无形资产""长期股权投资"等科目，按其在注册资本或股本中所占份额，贷记"实收资本（或股本）"科目，按其差额，贷记"资本公积——资本溢价（或股本溢价）"科目。

【例 5－1】1 日，鸿达公司收到投资者投入资金200 000元，存入银行。

分析：这是一笔资产和所有者权益同增的业务。投资者投入货币资金，使“银行存款”和“实收资本”账户同时增加，应借记“银行存款”账户，贷记“实收资本”账户，因此会计分录：

借：银行存款　　200 000

　贷：实收资本　　200 000

【例 5－2】鸿达公司收到东方公司投入设备一台，设备在东方公司的账面原价为300 000元，双方协商确认的价值为300 000元，设备已经投入使用。该公司应编制会计分录如下：

借：固定资产　　300 000

　贷：实收资本——东方公司　　300 000

【例 5－3】鸿达公司收到甲公司投入的一项非专利技术，双方确定的价值为80 000元。

借：无形资产　　80 000

　贷：实收资本——甲公司　　80 000

二、负债筹资业务的核算

企业的资金筹集除了投资人投入资金外，还可以向银行或其他金融机构借入资金或者发行债券，用于弥补自有资金的不足。负债筹资主要包括短期借款、长期借款以及结算形成的负债等。企业取得的借款按偿还期限的不同可分为短期借款和长期借款。企业借入的归还期在 1 年内（含 1 年）的借款就是短期借款；借入的归还期在 1 年以上的借款就是长期借款。

（一）账户设置

企业通常设置以下账户对负债筹资业务进行会计核算。

1. “短期借款”账户

“短期借款”账户属于负债类账户，用以核算企业的短期借款。

该账户贷方登记短期借款本金的增加额，借方登记短期借款本金的减少额。期末余额在贷方，反映企业期末尚未归还的短期借款。

该账户可按借款种类、贷款人和币种进行明细核算。

2. “长期借款”账户

“长期借款”账户属于负债类账户，用以核算企业的长期借款。

该账户贷方登记企业借入的长期借款本金，借方登记归还的本金和利息。期末余额在贷方，反映企业期末尚未偿还的长期借款。

该账户可按贷款单位和贷款种类等进行明细核算。

3. “应付利息”账户

“应付利息”账户属于负债类账户，用以核算企业按照合同约定应支付的利息，包括吸收存款、分期付息到期还本的长期借款、企业债券等应支付的利息。

该账户贷方登记企业按合同利率计算确定的应付未付利息，借方登记归还的利息。期末余额在贷方，反映企业应付未付的利息。

该账户可按存款人或债权人进行明细核算。

4. “财务费用”账户

“财务费用”账户属于损益类账户，用以核算企业为筹集生产经营所需资金等而发生的筹资费用，包括利息支出、汇兑损益以及相关的手续费、企业发生的现金折扣或收到的现金折扣等。为购建或生产满足资本化条件的资产发生的应予资本化的借款费用，通过“在建工程”“制造费用”等账户核算。

该账户借方登记与借款相关的手续费、利息费用等的增加额，贷方登记应冲减财务费用的利息收入等。期末结转后，该账户无余额。

该账户可按费用项目进行明细核算。

（二）账务处理

1. 短期借款的账务处理

企业借入的各种短期借款，借记“银行存款”科目，贷记“短期借款”科目；归还借款时做相反的会计分录。

资产负债表日，应按计算确定的短期借款利息费用，借记“财务费用”科目，贷记“银行存款”“应付利息”等科目。

【例5－4】2018年8月1日，鸿达公司向建设银行借入资金200 000元，期限为3个月，年利率为6%，借款已划入企业的银行账户，协议规定利息按月计提，到期一次性还本并支付最后一个月的借款利息。相应的账务处理如下。

借入短期借款时：

借：银行存款　　200 000

　贷：短期借款——建设银行　　200 000

【例5－5】8月31日、9月30日，计提【例5－4】本月应负担的短期借款利息。

企业应计提应付利息＝200 000×6%÷12×1＝1 000（元），分别做会计分录如下：

借：财务费用　　1 000

　贷：应付利息　　1 000

【例5－6】10月31日偿还贷款本金及利息，编制会计分录如下：

借：短期借款——建设银行　　200 000

　　应付利息　　2 000

　　财务费用　　1 000

贷：银行存款　　　　　　　　　　　　　　　　　203 000

2. 长期借款的账务处理

长期借款是指企业向银行或其他金融机构借入的期限在 1 年以上（不含 1 年）的各种借款。

【例 5－7】2018 年 8 月 3 日，鸿达公司向市建设银行借入 2 年期的长期借款 1 000 000元，年利率8.4%。借款协议规定，借款利息于偿还本金时一并偿还。借入款项已存入该公司的开户银行。假设企业不符合长期借款利息资本化的条件。

（1）2018年 8 月 3 日借款发生时的会计分录如下：

借：银行存款　　　　　　　　　　　　　　　1 000 000

　贷：长期借款——本金　　　　　　　　　　　　1 000 000

（2）贷款期间的每个月月末，鸿达公司都应当计提该项长期贷款的利息费用7 000 元（1 000 000 ×8.4% ÷12）。

借：财务费用　　　　　　　　　　　　　　　　7 000

　贷：长期借款——应计利息　　　　　　　　　　　7 000

（3）如果2020年 8 月 3 日，鸿达公司按长期借款的合同规定，一次性偿还本息 1 168 000元，那么，会计分录如下：

借：长期借款——本金　　　　　　　　　　　1 000 000

　　长期借款——应计利息　　　　　　　　　　168 000

　贷：银行存款　　　　　　　　　　　　　　　　1 168 000

第二节　企业供应过程核算

企业完成资金筹集之后，就进入生产准备环节，即动用筹集来的货币资金购买机器设备和材料物资以形成企业的生产能力的过程。主要包括固定资产的购置业务和材料的采购业务。资金筹集业务取得的货币资金在这一环节转化为实物资金。我们在这里首先介绍固定资产的相关概念及账务处理。

一、固定资产的概念与特征

固定资产是指为生产商品、提供劳务、出租或者经营管理而持有、使用寿命超过 1 个会计年度的有形资产。

固定资产具有以下特征。

（1）固定资产属于一种有形资产。这一特征将固定资产与无形资产区别开来。

（2）固定资产是为生产商品、提供劳务、出租或者经营管理而持有，而不像存货是为了对外出售。这一特征是固定资产区别于存货等流动资产的重要标志。

(3) 固定资产的使用寿命超过 1 个会计年度。这一特征表明企业固定资产属于非流动资产，其给企业带来的收益期超过 1 年，能在 1 年以上的时间里为企业创造经济利益。

二、账户设置

企业通常设置以下账户对固定资产业务进行会计核算。

1. “在建工程”账户

“在建工程”账户属于资产类账户，用以核算企业基建、更新改造等在建工程发生的支出。

该账户借方登记企业各项在建工程的实际支出，贷方登记工程达到预定可使用状态时转出的成本等。期末余额在借方，反映企业期末尚未达到预定可使用状态的在建工程的成本。

该账户可按建筑工程、安装工程、在安装设备、待摊支出以及单项工程等进行明细核算。

2. “固定资产”账户

“固定资产”账户属于资产类账户，用以核算企业持有的固定资产。

该账户借方登记增加的固定资产原价，贷方登记减少的固定资产原价。期末余额在借方，反映企业期末固定资产的原价。

该账户可按固定资产类别和项目进行明细核算。

三、账务处理

(1) 企业购入不需要安装的固定资产，按应计入固定资产成本的金额，借记“固定资产”“应交税费——应交增值税（进项税额）”科目，贷记“银行存款”等科目。

【例 5－8】2018 年 8 月，鸿达公司购入一台不需要安装即可投入使用的设备，取得的增值税专用发票上注明的价款为20 000元，增值税税额为3 200元（本书采用 2018 年 5 月 1 日后的增值税税率，即 16%，现行为 13%），另支付装卸费 200 元，款项以银行存款支付。会计分录如下：

借：固定资产　　20 200

　　应交税费——应交增值税（进项税额）　　3 200

　贷：银行存款　　23 400

(2) 企业购入需要安装的固定资产，应在购入的固定资产取得成本的基础上加上安装调试费用等，作为购入固定资产的成本，先通过“在建工程”科目核算，待安装完毕达到预定可使用状态时，再由“在建工程”科目转入“固定资产”科目。

企业购入需要安装的固定资产时，按实际支付的购买价款、运输费、装卸费、安装费和其他相关税费等，借记“在建工程”等科目，贷记“银行存款”等科目；安装完毕达到预定可使用状态时，按其实际成本，借记“固定资产”科目，贷记“在建工程”科目。

【例5－9】2018年8月，鸿达公司用银行存款购入一台需要安装的设备，增值税专用发票上注明的价款为20 000元，增值税税额为3 200元，支付安装费1 000元。相关的会计分录如下：

借：在建工程　　21 000

　　应交税费——应交增值税（进项税额）　　3 200

　贷：银行存款　　24 200

若后期机床安装完毕，投入使用，则会计分录如下：

借：固定资产　　21 000

　贷：在建工程　　21 000

第三节　材料采购业务的账务处理

企业为了保证生产经营的正常进行，必须采购和储备一定数量的材料。材料采购核算的主要内容是核算和监督材料的买价和采购费用，确定材料采购成本。

一、材料的采购成本

材料的采购成本是指企业材料从采购到入库前所发生的全部支出，包括购买价款、相关税费、运输费、装卸费、保险费以及其他可归属于采购成本的费用。其中，购买价款是指企业购入的材料或商品的发票账单上列明的价款，但不包括按规定可以抵扣的增值税进项税额。相关税费是指企业进口货物缴纳的关税，企业购买、自制或委托加工材料或商品发生的消费税、资源税和不能从销项税额中抵扣的增值税进项税额等。其他可归属于采购成本的费用，即采购成本中除上述各项以外的可直接归属于材料采购的费用，如在材料采购过程中发生的仓储费、包装费、运输途中的合理损耗、入库前的挑选整理费用等。

在实务中，企业也可以将发生的运输费、装卸费、保险费以及其他可归属于采购成本的费用等先进行归集，期末按照所购材料的存销情况进行分摊。

二、账户设置

企业通常设置以下账户对材料采购业务进行会计核算。

1. “原材料”账户

“原材料”账户属于资产类账户，用以核算企业库存的各种材料，包括原料及主要材料、辅助材料、外购半成品（外购件）、修理用备件（备品备件）、包装材料、燃料等的计划成本或实际成本。企业收到来料加工装配业务的原料、零件等，应当设置备查账簿进行登记。

该账户借方登记已验收入库材料的成本，贷方登记发出材料的成本。期末余额在借方，反映企业库存材料的计价成本或实际成本。

该账户可按材料的保存地点（仓库）、材料的类别、品种和规格等进行明细核算。

2. “材料采购”账户

“材料采购”账户属于资产类账户，用以核算企业采用计划成本进行材料日常核算而购入材料的采购成本。

该账户借方登记企业采用计划成本进行核算时采购材料的实际成本以及材料入库时结转的节约差异，贷方登记入库材料的计划成本以及材料入库时结转的超支差异。期末余额在借方，反映企业在途材料的采购成本。该账户可按供应单位和材料品种进行明细核算。

3. “材料成本差异”账户

“材料成本差异”账户属于资产类账户，用以核算企业采用计划成本进行日常核算的材料计划成本与实际成本的差额。

该账户借方登记入库材料形成的超支差异以及转出的发出材料应负担的节约差异，贷方登记入库材料形成的节约差异以及转出的发出材料应负担的超支差异。期末余额在借方，反映企业库存材料等的实际成本大于计划成本的差异。期末余额在贷方，反映企业库存材料等的实际成本小于计划成本的差异。

该账户可以分“原材料”“周转材料”等，按照类别或品种进行明细核算。

4. “在途物资”账户

“在途物资”账户属于资产类账户，用以核算企业采用实际成本（或进价）进行材料、商品等物资的日常核算，货款已付尚未验收入库的在途物资的采购成本。

该账户借方登记购入材料、商品等物资的买价和采购费用（采购实际成本），贷方登记已验收入库材料、商品等物资应结转的实际采购成本。期末余额在借方，反映企业期末在途材料、商品等物资的采购成本。

该账户可按供应单位和物资品种进行明细核算。

5. “应付账款”账户

“应付账款”账户属于负债类账户，用以核算企业因购买材料、商品和接受劳务等经营活动应支付的款项。

该账户贷方登记企业因购入材料、商品和接受劳务等尚未支付的款项，借方登记偿还的应付账款。期末余额一般在贷方，反映企业期末尚未支付的应付账款余额；如果在借方，反映企业期末预付账款余额。

该账户可按债权人进行明细核算。

6. “应付票据”账户

“应付票据”账户属于负债类账户，用以核算企业购买材料、商品和接受劳务等开出、承兑的商业汇票，包括银行承兑汇票和商业承兑汇票。

该账户贷方登记企业开出、承兑的商业汇票，借方登记企业已经支付或者到期无力支付的商业汇票。期末余额在贷方，反映企业尚未到期的商业汇票的票面金额。

该账户可按债权人进行明细核算。

7. “预付账款”账户

“预付账款”账户属于资产类账户，用以核算企业按照合同规定预付的款项。预付款项情况不多的，也可以不设置该账户，将预付的款项直接记入“应付账款”账户。

该账户的借方登记企业因购货等业务预付的款项，贷方登记企业收到货物后应支付的款项等。期末余额在借方，反映企业预付的款项；期末余额在贷方，反映企业尚需补付的款项。

该账户可按供货单位进行明细核算。

8. “应交税费”账户

“应交税费”账户属于负债类账户，用以核算企业按照税法等规定应缴纳的各种税费，包括增值税、消费税、所得税、资源税、土地增值税、城市维护建设税、房产税、城镇土地使用税、车船税、教育费附加、矿产资源补偿费等，企业代扣代缴的个人所得税等，也通过本账户核算。

该账户贷方登记各种应交未交税费的增加额，借方登记实际缴纳的各种税费。期末余额在贷方，反映企业尚未交纳的税费；期末余额在借方，反映企业多交或尚未抵扣的税费。

该账户可按应交的税费项目进行明细核算。

三、账务处理

实际成本法下，一般通过“原材料”和“在途物资”等科目核算，企业外购材料时，按材料是否验收入库分为以下两种情况。

1. 材料已验收入库

如果货款已经支付，发票账单已到，材料已验收入库，按支付的实际金额，借记“原材料”“应交税费——应交增值税（进项税额）”等科目，贷记“银行存款”“预付账款”等科目。

如果货款尚未支付，材料已经验收入库，按相关发票凭证上支付的金额，借记“原材料”“应交税费——应交增值税（进项税额）”等科目，贷记“应付账款”“应付票据”等科目。

如果货款尚未支付，材料已经验收入库，但月末仍未收到相应发票凭证，按照估价入账。

【例5－10】2018年8月1日，鸿达公司从东方公司购入一批A材料，增值税专用发票上记载货款为30 000元，增值税4 800元，东方公司代垫运杂费200元，全部欠款已用转账支票付讫，材料已验收入库。会计分录如下：

借：原材料——A材料　　30 200
　　应交税费——应交增值税（进项税额）　　4 800
　贷：银行存款　　35 000

2. 材料尚未验收入库

如果货款已经支付，发票账单已到，但材料尚未验收入库，按支付的金额，借记“在途物资”“应交税费——应交增值税（进项税额）”等科目，贷记“银行存款”等科目；待验收入库时再做后续分录。

对于可以抵扣的增值税进项税额，一般纳税人企业应根据收到的增值税专用发票上注明的增值税额，借记“应交税费——应交增值税（进项税额）”科目。

【例5－11】2018年8月5日，鸿达公司从东方公司购入B材料，价款80 000元，因该材料市场供给有限，东方公司要求鸿达公司预付货款50 000元，适用增值税率为16%。该项业务的会计分录如下。

借：预付账款——东方公司　　50 000
　贷：银行存款　　50 000

假设20日，东方公司按购货合同要求将材料发出，鸿达公司同意将预付款冲销后的剩余款项以及相关税费通过银行存款结清，会计分录如下。

借：在途物资——B材料　　80 000
　　应交税费——应交增值税（进项税额）　　12 800
　贷：预付账款——东方公司　　50 000
　　　银行存款　　42 800

25日，材料收到并验收入库时，会计分录如下。

借：原材料——B材料　　80 000
　贷：在途物资——B材料　　80 000

四、计划成本法核算的账务处理

计划成本法下，一般通过“材料采购”“原材料”“材料成本差异”等科目进行核算。企业外购材料时，按材料是否验收入库分为以下两种情况。

1. 材料已验收入库

如果货款已经支付，发票账单已到，材料已验收入库，按支付的实际金额，借记“材料采购”科目，贷记“银行存款”科目；按计划成本金额，借记“原材料”科目，贷记“材料采购”科目；按计划成本与实际成本之间的差额，借记（贷记）“材料采购”科目，贷记（借记）“材料成本差异”科目。

如果货款尚未支付，材料已经验收入库，按相关发票凭证上应付的金额，借记“材料采购”科目，贷记“应付账款”“应付票据”等科目；按计划成本金额，借记“原材料”科目，贷记“材料采购”科目；按计划成本与实际成本之间的差额，借记（或贷记）“材料采购”科目，贷记（借记）“材料成本差异”科目。

如果材料已经验收入库，货款尚未支付，月末仍未收到相关发票凭证，按照计划成本暂估入账，即借记“原材料”科目，贷记“应付账款”等科目。下月月初做相同的红字分录予以冲回，收到账单后再编制会计分录。

2. 材料尚未验收入库

如果相关发票凭证已到，但材料尚未验收入库，按支付或应付的实际金额，借记“材料采购”科目，贷记“银行存款”“应付账款”等科目；待验收入库时再做后续分录。

对于可以抵扣的增值税进项税额，一般纳税人企业应根据收到的增值税专用发票上注明的增值税额，借记“应交税费——应交增值税（进项税额）”科目。

【例 5－12】2018 年 8 月 8 日，鸿达公司购入甲材料一批，价款200 000元，增值税32 000元，发票账单已收到，计划成本为220 000元，材料已验收入库，鸿达公司开出一张 3 个月到期的金额为232 000元的商业承兑汇票。相关的会计分录如下。

借：材料采购——甲材料　　200 000
　　应交税费——应交增值税（进项税额）　　32 000
　贷：应付票据　　232 000
借：原材料——甲材料　　220 000
　贷：材料采购——甲材料　　200 000
　　　材料成本差异——甲材料　　20 000

第四节　生产业务的账务处理

工业企业的基本任务是生产社会需要的产品。因此生产业务是企业的核心经济业务。在这个过程中，生产人员运用机器设备等劳动资料，对原材料等劳动对象进行加工，生产出市场所需的产品。因此，企业产品的生产过程同时也是生产资料的耗费过程。企业在生产过程中发生的各项生产费用是企业为获得收入而预先垫支并需要得到补偿的资金耗费。这些费用最终都要归集、分配给特定的产品，形成产品的成本。

产品成本的核算是指把一定时期内企业生产过程中所发生的费用，按其性质和发生地点，分类归集、汇总、核算，计算出该时期内生产费用发生总额，并按适当方法分别计算出各种产品的实际成本和单位成本等。

一、生产费用的构成

生产费用是指与企业日常生产经营活动有关的费用，按其经济用途可分为直接材料、直接人工和制造费用。其中，直接材料和直接人工属于直接费用，制造费用属于间接费用。

1. 直接材料

直接材料是指构成产品实体的原材料以及有助于产品形成的主要材料和辅助材料。

2. 直接人工

直接人工是指直接从事产品生产的工人的职工薪酬，包括工资、津贴、补贴和劳务费等。

3. 制造费用

制造费用是指企业为生产产品和提供劳务而发生的各项间接费用。如车间管理人员的工资和福利费，机器设备的折旧费，生产单元的办公费、水电费、劳动保护费等。间接费用无法直接计入产品成本，必须采用一定的方法由所生产的几种产品共同承担。

二、账户设置

企业通常设置以下账户对生产费用业务进行会计核算。

1. “生产成本”账户

“生产成本”账户属于成本类账户，用以核算企业生产各种产品（产成品、自制半成品等）、自制材料、自制工具、自制设备等发生的各项生产成本。

该账户借方登记应计入产品生产成本的各项费用，包括直接计入产品生产成本的直接材料费、直接人工费和其他直接支出，以及期末按照一定的方法分配计入产品生产成本的制造费用；贷方登记完工入库产成品应结转的生产成本。期末余额在借方，反映企业期末尚未加工完成的在产品成本。

该账户可按基本生产成本和辅助生产成本进行明细分类核算。基本生产成本应当分别按照基本生产车间和成本核算对象（如产品的品种、类别、订单、批别、生产阶段等）设置明细账（或成本计算单），并按照规定的成本项目设置专栏。

2. “制造费用”账户

“制造费用”账户属于成本类账户，用以核算企业生产车间（部门）为生产产品和提供劳务而发生的各项间接费用。

该账户借方登记实际发生的各项制造费用，贷方登记期末按照一定标准分配转入“生产成本”账户借方的应计入产品成本的制造费用。期末结转后，该账户一般无余额。

该账户可按不同的生产车间（部门）和费用项目进行明细核算。

3. “库存商品”账户

“库存商品”账户属于资产类账户，用以核算企业库存的各种商品的实际成本（或进价）或计划成本（或售价），包括库存产成品、外购商品、存放在门市部准备出售的商品、发出展览的商品以及寄存在外的商品等。

该账户借方登记验收入库的库存商品成本，贷方登记发出的库存商品成本。期末余额在借方，反映企业期末库存商品的实际成本（或进价）或计划成本（或售价）。

该账户可按库存商品的种类、品种和规格等进行明细核算。

4. “应付职工薪酬”账户

“应付职工薪酬”账户属于负债类账户，用以核算企业根据有关规定应付给职工的各种薪酬。

该账户借方登记本月实际支付的职工薪酬数额；贷方登记本月计算的应付职工薪酬总额，包括各种工资、奖金、津贴和福利费等。期末余额在贷方，反映企业应付未付的职工薪酬。

该账户可按“工资”“福利费”“社会保险费”“住房公积金”“工会经费”“职工教育经费”“非货币性福利”“辞退福利”“股份支付”等进行明细核算。

三、账务处理

（一）材料费用的归集与分配

在确定材料费用时，应根据领料凭证区分车间、部门和不同用途，并按照确定的结果将发出材料的成本借记“生产成本”“制造费用”“管理费用”等科目，贷记“原材料”等科目。

对于直接用于某种产品生产的材料费用，应直接计入该产品生产成本明细账中的“直接材料”科目；对于由多种产品共同耗用、应由这些产品共同负担的材料费用，应选择适当的标准在这些产品之间进行分配，按分担的金额计入相应的成本计算对象（生产产品的品种、类别等）；对于为提供生产条件等间接消耗的各种材料费用，应先通过“制造费用”科目进行归集，期末再同其他间接费用一起按照一定的标准分配计入有关产品成本；对于行政管理部门领用的材料费用，应计入“管理费用”科目。

【例5-13】月末，仓库根据当月领料凭证，编制本月材料耗用汇总情况如表5-1所示。

表5-1　　材料耗用汇总表

用途	A材料		B材料		金额合计（元）
	数量（千克）	金额（元）	数量（千克）	金额（元）	
甲产品	6 000	120 000	6 000	240 000	360 000
乙产品	4 000	80 000			80 000
车间一般耗用			1 000	40 000	40 000
行政管理部门耗用			200	8 000	8 000
合计	10 000	200 000	7 200	288 000	488 000

相应的会计分录如下：

借：生产成本——甲产品　　360 000
　　　　　——乙产品　　80 000
　　制造费用　　40 000
　　管理费用　　8 000
　贷：原材料——A 材料　　200 000
　　　　　——B 材料　　288 000

（二）职工薪酬的归集与分配

企业在生产经营过程中要按照劳动合同及员工的出勤率、生产量等指标计算薪酬，这部分内容构成了企业职工薪酬的核算。职工薪酬是指企业为获得职工提供的服务或解除劳动关系而给予各种形式的报酬以及其他相关支出，包括职工在职期间和离职后提供给职工的全部货币性薪酬和非货币性福利。企业提供给职工配偶、子女或企业被赡养人的福利等，也属于职工薪酬。

短期薪酬，指企业在职工提供相关服务的年度报告期间结束后 12 个月内需要全部予以支付的职工薪酬，因解除与职工的劳动关系给予的补偿除外。短期薪酬具体包括职工工资、奖金、津贴和补贴，福利费，医疗保险费、工伤保险费和生育保险费等社会保险费，住房公积金，工会经费和职工教育经费，短期带薪缺勤，短期利润分享计划，非货币性福利以及其他短期薪酬。带薪缺勤是指企业支付工资或提供补偿的职工缺勤，缺勤假期包括休年假、病假、短期伤残、婚假、产假、丧假、探亲假等。分享计划是指因职工提供服务而与职工达成的基于利润或其他经营成果提供薪酬的协议。

离职后福利指企业为获得职工提供的服务而在职工退休或与企业解除劳动关系后，提供的各种形式的报酬和福利，短期薪酬和辞退福利除外。

辞退福利指企业在职工劳动合同到期之前解除与职工的劳动关系，或者为鼓励职工自愿接受裁减而给予职工的补偿。

其他长期职工福利指除短期薪酬、离职后福利、辞退福利之外所有的职工薪酬，包括长期带薪缺勤、长期残疾福利、长期利润分享计划等。

对于短期薪酬，企业应当在职工为其提供服务的会计期间，按实际发生额确认为负债，并计入当期损益或相关资产成本。企业应当根据职工提供服务的受益对象，分别进行如下处理。

（1）应由生产产品、提供劳务负担的短期薪酬，计入产品成本或劳务成本。其中，生产工人的短期薪酬应借记“生产成本”科目，贷记“应付职工薪酬”科目；生产车间管理人员的短期薪酬属于间接费用，应借记“制造费用”科目，贷记“应付职工薪酬”科目。

当企业采用计件工资制时，生产工人的短期薪酬属于直接费用，应直接计入有关产品的成本。当企业采用计时工资制时，对于只生产一种产品的生产工人的短期薪酬也属于直接费用，应直接计入产品成本；对于同时生产多种产品的生产工人的短期薪酬，则需采用一定的分配标准（实际生产工时或定额生产工时等）分配计入产品成本。

（2）应由在建工程、无形资产负担的短期薪酬，计入建造固定资产或无形资产成本。

（3）除上述两种情况之外的其他短期薪酬应计入当期损益。如企业行政管理部门人员和专设销售机构销售人员的短期薪酬均属于期间费用，应分别借记“管理费用”“销售费用”等科目，贷记“应付职工薪酬”科目。

【例5－14】月末，根据考勤记录，计算出应付职工工资380 000元，其用途和数额如下所示。

（1）生产工人工资：甲产品生产工人工资120 000元，乙产品生产工人工资160 000元。

（2）车间管理人员工资30 000元。

（3）厂部行政管理人员工资50 000元。

（4）销售部门人员工资20 000元。

具体会计分录如下：

借：生产成本——甲产品	120 000
——乙产品	160 000
制造费用	30 000
管理费用	50 000
销售费用	20 000
贷：应付职工薪酬——工资	380 000

【例5－15】根据上述资料，按照14%的比例计提福利费，其数额如下所示。

（1）生产工人工资：甲产品生产工人工资16 800元，乙产品生产工人工资22 400元。

（2）车间管理人员工资4 200元。

（3）厂部行政管理人员工资7 000元。

（4）销售部门人员工资2 800元。

具体会计分录如下：

借：生产成本——甲产品	16 800
——乙产品	22 400
制造费用	4 200
管理费用	7 000
销售费用	2 800
贷：应付职工薪酬——福利费	53 200

【例5－16】鸿达公司开出现金支票，从银行提取现金380 000元，以备发放本月工资。具体会计分录如下：

借：库存现金　　　　　　　　　　　　　　380 000

　贷：银行存款　　　　　　　　　　　　　　380 000

【例 5 – 17】鸿达公司用现金380 000元发放工资。具体会计分录如下：

借：应付职工薪酬——工资　　　　　　　　380 000

　贷：库存现金　　　　　　　　　　　　　　380 000

四、固定资产折旧的核算

固定资产的特点是单位价值较高、使用年限较长，在使用过程中能保持其实物形态，同时固定资产的价值在不断使用的过程中会被磨损、贬值。这种情况在会计上称为折旧；把这种折旧通过确认和计量后计入成本费用中去的价值叫作折旧费；将各期的折旧费累计起来，叫作累计折旧。其中生产车间固定资产的折旧，计入“制造费用”账户；厂部行政管理部门固定资产的折旧计入“管理费用”账户。

“累计折旧”账户是指企业在报告期末提取的各年固定资产折旧累计数。其借方登记企业因减少固定资产而转出的折旧费金额，贷方登记折旧费的计提数，期末余额一般在贷方，表示企业现有的固定资产的累计折旧，此账户按照固定资产类别或项目设置明细账。

【例 5 – 18】31 日，按照规定的折旧率计提本月固定资产折旧额。其中，生产车间使用的固定资产应计提折旧10 000元，企业行政管理部门使用的固定资产应计提折旧4 000元。因此会计分录如下：

借：制造费用　　　　　　　　　　　　　　10 000

　　管理费用　　　　　　　　　　　　　　4 000

　贷：累计折旧　　　　　　　　　　　　　　14 000

第五节　销售业务的账务处理

销售过程是企业生产经营过程的最后一个阶段，也是企业在生产过程的最后一个环节。在生产过程中，企业的资金循环从储备资金转化为生产资金；当生产过程结束，产成品完工入库，生产资金转化为成品资金形态。此时制造企业的经营活动进入销售环节。产品售出后，企业取得销售货款，成品资金转化为货币资金形态，至此制造企业完成了整个资金循环。在销售过程中，企业从事对外销售产品或提供劳务等主营业务，按照双方约定的价格向购货单位办理价款结算，并确认主营业务收入，同时交付相应的产品或劳务，结转产品或劳务成本。此外，企业还可能发生除产品销售以外的其他销售业务，其他销售业务所获收入和所发生的成本分别称为其他业务收入和其他业务成本。

一、收入

收入是指企业在日常活动中形成的、会导致所有者权益增加的、与所有者投入资本无关的经济利益的总流入。收入可以按照企业从事日常活动的性质，分为销售商品收入、提供劳务收入、让渡资产使用权收入、建造合同收入等。按照企业从事日常活动在企业的重要性，可将收入分为主营业务收入、其他业务收入等。其中主营业务收入是指企业为完成经营目标从事的经常性活动实现的收入。不同行业的主营业务的范围有所不同，制造业企业的主营业务范围包括销售商品、自制半成品、代制品、代修品以及提供工业性劳务等。

二、账户设置

企业通常设置以下账户对销售业务进行会计核算。

1. “主营业务收入”账户

“主营业务收入”账户属于损益类账户，用以核算企业确认的销售商品、提供劳务等主营业务的收入。

该账户贷方登记企业实现的主营业务收入，即主营业务收入的增加额。借方登记期末转入“本年利润”账户的主营业务收入（按净额结转），以及发生销售退回和销售折让时应冲减本期的主营业务收入。期末结转后，该账户无余额。

该账户应按照主营业务的种类设置明细账户，进行明细分类核算。

2. “其他业务收入”账户

“其他业务收入”账户属于损益类账户，用以核算企业确认的除主营业务活动以外的其他经营活动实现的收入，包括出租固定资产、无形资产、包装物和商品、销售材料等。

该账户贷方登记企业实现的其他业务收入，即其他业务收入的增加额；借方登记期末转入“本年利润”账户的其他业务收入。期末结转后，该账户无余额。

该账户可按其他业务的种类设置明细账户，进行明细分类核算。

3. “应收账款”账户

“应收账款”账户属于资产类账户，用以核算企业因销售商品、提供劳务等经营活动应收取的款项。

该账户借方登记由于销售商品以及提供劳务等发生的应收账款，包括应收取的价款、税款和代垫款等；贷方登记已经收回的应收账款。期末余额通常在借方，反映企业尚未收回的应收账款；期末余额如果在贷方，反映企业预收的账款。

该账户应按不同的债务人进行明细分类核算。

4. “应收票据”账户

“应收票据”账户属于资产类账户，用以核算企业因销售商品、提供劳务等而收到的商业汇票。

该账户借方登记企业收到的应收票据，贷方登记票据到期收回的应收票据。期末余额在借方，反映企业持有的商业汇票的票面金额。

该账户可按开出、承兑商业汇票的单位进行明细核算。

5. “预收账款”账户

“预收账款”账户属于负债类账户，用以核算企业按照合同规定预收的款项。预收账款情况不多的，也可以不设置本账户，将预收的款项直接计入“应收账款”账户。

该账户贷方登记企业向购货单位预收的款项等，借方登记销售实现时按实现的收入转销的预收款项等。期末余额在贷方，反映企业预收的款项；期末余额在借方，反映企业已转销但尚未收取的款项。

该账户可按购货单位进行明细核算。

6. “主营业务成本”账户

“主营业务成本”账户属于损益类账户，用以核算企业确认销售商品、提供劳务等主营业务收入时应结转的成本。

该账户借方登记主营业务发生的实际成本，贷方登记期末转入“本年利润”账户的主营业务成本。期末结转后，该账户无余额。

该账户可按主营业务的种类设置明细账户，进行明细分类核算。

7. “其他业务成本”账户

“其他业务成本”账户属于损益类账户，用以核算企业确认的除主营业务活动以外的其他经营活动所发生的支出，包括销售材料的成本、出租固定资产的折旧额、出租无形资产的摊销额、出租包装物的成本或摊销额等。

该账户借方登记其他业务的支出额，贷方登记期末转入“本年利润”账户的其他业务支出额。期末结转后，该账户无余额。

该账户可按其他业务的种类设置明细账户，进行明细分类核算。

8. “税金及附加”账户

“税金及附加”账户属于损益类账户，用以核算企业经营活动发生的消费税、城市维护建设税、资源税和教育费附加等相关税费。需注意的是，房产税、车船税、城镇土地使用税、印花税通过“管理费用”账户核算，但与投资性房地产相关的房产税、城镇土地使用税通过该账户核算。

该账户借方登记企业应按规定确定的与经营活动相关的税费，贷方登记期末转入“本年利润”账户的与经营活动相关的税费。期末结转后，该账户无余额。

三、账务处理

（一）主营业务收入的账务处理

企业销售商品或提供劳务实现的收入，应按实际收到、应收或者预收的金额，借记“银行存款”“应收账款”“应收票据”“预收账款”等科目，按确认的营业收入，贷记“主营业务收入”科目。

对于增值税销项税额，一般纳税人应贷记“应交税费——应交增值税（销项税额）”科目；小规模纳税人应贷记“应交税费——应交增值税”科目。

【例5－19】鸿达公司向东方公司开出增值税发票，销售A产品600件，销售单价1 000元，每件成本500元；增值税税率为16%；货已发出，贷款已收存银行。鸿达公司根据增值税发票记账联做如下分录：

借：银行存款　　696 000
　贷：主营业务收入——A产品　　600 000
　　　应交税费——应交增值税（销项税额）　　96 000

【例5－20】鸿达公司向南方公司销售乙产品200件，增值税专用发票上所列单价750元，价款150 000元，增值税额24 000元，款项尚未收到。具体会计分录如下：

借：应收账款　　174 000
　贷：主营业务收入——乙产品　　150 000
　　　应交税费——应交增值税（销项税额）　　24 000

【例5－21】鸿达公司按合同规定预收北方公司订购甲产品的货款100 000元，存入银行。具体会计分录如下：

借：银行存款　　100 000
　贷：预收账款——北方公司　　100 000

【例5－22】承【例5－21】，鸿达公司按合同规定向北方公司发出甲产品300件，增值税专用发票上注明单价500元，价款150 000元，增值税24 000元，剩余货款已收存银行。具体会计分录如下：

借：预收账款——北方公司　　100 000
　　银行存款　　74 000
　贷：主营业务收入——甲产品　　150 000
　　　应交税费——应交增值税（销项税额）　　24 000

（二）主营业务成本的账务处理

期（月）末，企业应根据本期（月）销售各种商品、提供各种劳务等实际成本，计算应结转的主营业务成本，借记“主营业务成本”科目，贷记“库存商品”“劳务成本”等科目。

【例5－23】鸿达公司在月末结转本月已销售的甲、乙产品的销售成本。其中甲产品销售成本120 000元，乙产品销售成本40 000元。具体会计分录如下：

借：主营业务成本　　160 000
　贷：库存商品——甲产品　　120 000

——乙产品　　40 000

（三）其他业务收入与成本的账务处理

主营业务和其他业务的划分并不是绝对的，一个企业的主营业务可能是另一个企业的其他业务，即便在同一个企业，不同期间的主营业务和其他业务的内容也不是固定的。

当企业发生其他业务收入时，借记“银行存款”“应收账款”“应收票据”等科目，按确定的收入金额，贷记“其他业务收入”科目，同时确认有关税金；在结转其他业务收入的同一会计期间，企业应根据本期应结转的其他业务成本金额，借记“其他业务成本”科目，贷记“原材料”“累计折旧”“应付职工薪酬”等科目。

企业比较常见的其他业务除销售原材料外，还有转让商标的使用权、出租包装物等。

【例5－24】鸿达公司销售一批原材料，开具的增值税专用发票上注明的售价为20 000元，增值税税额为3 200元，款项已由银行收妥。该批原材料的实际成本为16 000元。该公司应编制如下会计分录。

（1）销售实现时：

借：银行存款　　23 200

　贷：其他业务收入　　20 000

　　应交税费——应交增值税（销项税额）　　3 200

（2）结转已销原材料的实际成本：

借：其他业务成本　　16 000

　贷：原材料　　16 000

（四）税金及附加的账务处理

税金及附加是指企业经营活动应负担的相关税费，包括消费税、城市维护建设税、教育费附加和资源税等。企业应按规定计算确定的与经营活动相关的税费，借记“税金及附加”科目，贷记“应交税费”科目。期末，应将“税金及附加”科目余额转入“本年利润”科目。

【例5－25】假设经计算，鸿达公司本月销售甲、乙产品应缴纳的城建税为5 330元，教育费附加为2 570元，另外乙产品应缴纳资源税2 500元。具体会计分录如下：

借：税金及附加　　10 400

　贷：应交税金——应交城建税　　5 330

　　　　——应交教育费附加　　2 570

　　　　——应交资源税　　2 500

【例5－26】某公司对外提供运输业务，获得劳务收入100 000元，增值税率3%，款项已存入银行。该公司应编制如下会计分录。

借：银行存款　　103 000

　贷：主营业务收入　　100 000

　　　应交税费——应交增值税　　3 000

【例5－27】某公司当月实际应交增值税250 000元，应交消费税250 000元，应交城建税税率7%，教育费附加3%，地方教育费附加2%。该公司应编制与城建税、教育费附加有关的会计分录如下。

（1）计算应交城建税和教育费附加时：

应交城建税＝（250 000＋250 000）×7%＝35 000（元）

教育费附加＝（250 000＋250 000）×3%＝15 000（元）

地方教育费附加＝（250 000＋250 000）×2%＝10 000（元）

借：税金及附加　　60 000

　贷：应交税费——应交城建税　　35 000

　　　　　　　——应交教育费附加　　15 000

　　　　　　　——应交地方教育费附加　　10 000

（2）实际缴纳城建税和教育费附加时：

借：应交税费——应交城建税　　35 000

　　　　　——应交教育费附加　　15 000

　　　　　——应交地方教育费附加　　10 000

　贷：银行存款　　60 000

第六节　期间费用的账务处理

一、期间费用的构成

期间费用指企业日常活动中不能直接归属于某个特定成本核算对象的，在发生时应直接计入当期损益的各种费用。期间费用包括管理费用、销售费用和财务费用。

管理费用指企业为组织和管理企业生产经营活动所发生的各种费用。管理费用包括企业在筹建期间发生的办公费、董事会和行政管理部门在企业的经营管理中发生的或者应由企业统一负担的公司经费、工会经费、董事会费（包括董事会成员的津贴、会议费和差旅费等）、聘请中介机构费、咨询费、诉讼费、业务招待费、技术转让费、研究费用、排污费以及企业行政部门的固定资产修理费等。

销售费用指企业在销售商品和材料、提供劳务的过程中发生的各种费用。销售费用包括广告费和展览费、保险费、包装费、商品的维修费，为销售本企业的商品而专设销售机构的职工薪酬、业务费等经营费用，以及与专设销售机构有关的固定资产折旧和修理费等。

财务费用指企业为筹集生产经营所需资金等而发生的费用。财务费用包括利息支出（减利息收入）、汇兑损益以及相关的手续费、企业发生的现金折扣或收到的现金折扣。

二、账户设置

企业通常设置以下账户对期间费用进行会计核算。

1.“管理费用”账户

“管理费用”账户属于损益类账户，用以核算企业为组织和管理企业生产经营所发生的管理费用。

该账户借方登记发生的各项管理费用，贷方登记期末转入“本年利润”账户的管理费用。期末结转后，该账户无余额。

该账户可按费用项目设置明细账户，进行明细分类核算。

2.“销售费用”账户

“销售费用”账户属于损益类账户，用以核算企业发生的各项销售费用。

该账户借方登记发生的各项销售费用，贷方登记期末转入“本年利润”账户的销售费用。期末结转后，该账户无余额。

该账户可按费用项目设置明细账户，进行明细分类核算。

3.“财务费用”账户

“财务费用”账户属于损益类账户，用以核算企业为筹集生产经营所需资金等而发生的筹资费用，包括利息支出（减利息收入）、汇兑损益以及相关的手续费、企业发生的现金折扣或收到的现金折扣等。为购建或生产满足资本化条件的资产发生的应予资本化的借款费用，通过“在建工程”“制造费用”等账户核算。

该账户借方登记手续费、利息费用等的增加额，贷方登记应冲减财务费用的利息收入等。期末结转后，该账户无余额。

该账户可按费用项目进行明细核算。

三、账务处理

【例5－28】鸿达公司行政部门8月共发生费用122 000元，其中，行政人员工资85 000元，行政部专用办公设备折旧费22 500元，报销行政人员差旅费10 500元（假定报销人员均未预借差旅费），其他办公、水电费4 000元（均用银行存款支付）。该公司应编制如下会计分录：

借：管理费用　　　　122 000

　贷：应付职工薪酬——工资　　　　85 000

累计折旧　　22 500
库存现金　　10 500
银行存款　　4 000

【例 5－29】鸿达公司为宣传新产品发生广告费30 000元，用银行存款支付。该公司应编制如下会计分录：

借：销售费用——广告费　　30 000
　贷：银行存款　　30 000

【例 5－30】某公司销售部 8 月共发生费用320 000元，其中，销售人员薪酬200 000元，销售部专用办公设备折旧费50 000元，备用金70 000元（用现金支票支付）。该公司应编制如下会计分录：

借：销售费用　　320 000
　贷：应付职工薪酬　　200 000
　　累计折旧　　50 000
　　银行存款　　70 000

【例 5－31】鸿达公司 8 月 30 日用银行存款支付本月应负担的短期借款利息13 000元。该公司应编制如下会计分录：

借：财务费用——利息支出　　13 000
　贷：银行存款　　13 000

【例 5－32】鸿达公司 8 月 2 日用银行存款支付银行手续费 300 元。该公司应编制如下会计分录：

借：财务费用——手续费　　300
　贷：银行存款　　300

【例 5－33】8 月 7 日，鸿达公司收到存款利息收入3 000元。该公司应编制如下会计分录：

借：银行存款　　3 000
　贷：财务费用　　3 000

【例 5－34】8 月 7 日，鸿达公司在采购材料业务中，获得对方给予的现金折扣6 000元。该公司应编制加下会计分录：

借：应付账款　　6 000
　贷：财务费用　　6 000

第七节　利润构成与分配业务的账务处理

利润是企业在一定会计期间的经营成果，它是企业在一定会计期间内实现的收入减去费用后的净额。收入大于费用支出的差额为利润，反之则为亏损。利润综合反映了企业在一定会计期间的经营业绩和获利能力，反映企业的投入产出效率和经济效益。

一、利润构成的核算

（一）利润构成

1. 营业利润

营业利润反映企业管理者的经营业绩，是企业财务成果的主要来源，其计算公式如下：

营业利润＝营业收入－营业成本－税金及附加－销售费用－管理费用－财务费用－资产减值损失＋公允价值变动收益（－公允价值变动损失）＋投资收益－投资损失

其中，营业收入是指企业在日常经营活动中所形成的经济利益流入，包活主营业务收入和其他业务收入。

营业成本是指企业在日常经营活动中所形成的经济利益流出，包活主营业务成本和其他业务成本。

营业收入＝主营业务收入＋其他业务收入

营业成本＝主营业务成本＋其他业务成本

2. 利润总额

利润总额，又称税前利润，是营业利润加上营业外收入减去营业外支出后的金额，其计算公式如下：

利润总额＝营业利润＋营业外收入－营业外支出

3. 净利润

净利润，又称税后利润，是利润总额扣除所得税费用后的净额，其计算公式如下：

净利润＝利润总额－所得税费用

（二）账户设置

企业通常设置以下账户对利润构成业务进行会计核算。

1. “本年利润”账户

“本年利润”账户属于所有者权益类账户，用以核算企业当期实现的净利润（或发生的净亏损）。

该账户贷方登记企业期（月）末转入的主营业务收入、其他业务收入、营业外收入和投资收益等；借方登记企业期（月）末转入的主营业务成本、税金及附加、其他业务成本、管理费用、财务费用、销售费用、营业外支出、投资损失和所得税费用等。上述结转完成后，余额如在贷方，即为当期实现的净利润；余额如在借方，即为当期发生的净亏损。年度终了，应将本年收入和支出相抵后结出的本年实现的净利润（或发生的净亏损），转入“利润分配——未分配利润”账户贷方（或借方），结转后本账户无余额。

2. “投资收益”账户

“投资收益”账户属于损益类账户，用以核算企业确认的投资收益或投资损失。

该账户贷方登记实现的投资收益和期末转入“本年利润”账户的投资净损失；借方登记发生的投资损失和期末转入“本年利润”账户的投资净收益。期末结转后，该账户无余额。

该账户可按投资项目设置明细账户，进行明细分类核算。

3. “营业外收入”账户

“营业外收入”账户属于损益类账户，用以核算企业直接计入当期利润的各项利得的发生及其结转情况。

该账户贷方登记营业外收入的实现，即营业外收入的增加额；借方登记会计期末转入“本年利润”账户的营业外收入额。期末结转后，该账户无余额。

该账户可按营业外收入项目设置明细账户，进行明细分类核算。

4. “营业外支出”账户

“营业外支出”账户属于损益类账户，用以核算企业直接计入当期利润的损失的发生及其结转情况。

该账户借方登记营业外支出的发生，即营业外支出的增加额；贷方登记期末转入“本年利润”账户的营业外支出额。期末结转后，该账户无余额。

该账户可按支出项目设置明细账户，进行明细分类核算。

5. “所得税费用”账户

“所得税费用”账户属于损益类账户，用以核算企业确认的应从当期利润总额中扣除的所得税费用。

该账户借方登记企业应计入当期损益的所得税；贷方登记企业期末转入“本年利润”账户的所得税。期末结转后，该账户无余额。

（三）账务处理

【例5－35】28日，鸿达公司开出转账支票支付税收滞纳金2 000元。

分析：这是一笔资产类账户和损益类账户一增一减的业务，应借记“营业外支出”账户，贷记“银行存款”账户，因此，会计分录如下：

借：营业外支出　　2 000

　贷：银行存款　　2 000

【例5－36】30日，接到开户行的收款通知，收到被投资企业分得的现金股利10 000元。

分析：这是一笔资产类账户和损益类账户同增的业务，应借记“银行存款”账户，贷记“投资收益”账户。因此，会计分录如下：

借：银行存款 10 000

　贷：投资收益 10 000

【例 5－37】31 日，收到捐赠50 000元，存入银行。

分析：这是一笔资产类账户和损益类账户同增的业务，应借记“银行存款”账户，贷记“营业外收入”账户。因此，会计分录如下：

借：银行存款 50 000

　贷：营业外收入 50 000

【例 5－38】31 日，结转企业有关损益类账户发生额。

分析：这笔业务首先是结转收入类账户，这会引起所有者权益类账户和损益类账户同时增加，应借记“主营业务收入”“其他业务收入”“营业外收入”和“投资收益”等账户，贷记“本年利润”账户；其次是结转所有成本费用类账户，这会引起所有者权益类账户和损益类账户同时减少，应借记“本年利润”账户，贷记“主营业务成本”“其他业务成本”“营业外支出”“税金及附加”“销售费用”“财务费用”“管理费用”等账户。因此，会计分录如下所示。

（1）结转收入类账户：

借：主营业务收入 1 000 000

　　其他业务收入 20 000

　　营业外收入 50 000

　　投资收益 10 000

　贷：本年利润 1 080 000

（2）结转成本费用类账户：

借：本年利润 724 700

　贷：主营业务成本 160 000

　　其他业务成本 16 000

　　营业外支出 2 000

　　税金及附加 70 400

　　销售费用 350 000

　　管理费用 122 000

　　财务费用 4 300

二、利润分配的账务处理

利润分配是指企业根据国家有关规定和企业章程、投资者协议等，对企业当年可供分配利润指定其特定用途和分配给投资者的行为。利润分配的过程和结果不仅关系到每个股东的合法权益是否得到保障，还关系到企业的未来发展。

（一）利润分配的顺序

企业向投资者分配利润，应按一定的顺序进行。按照《公司法》的有关规定，利润分配应按下列顺序进行。

1. 计算可供分配的利润

企业在利润分配前，应根据本年净利润（或亏损）与年初未分配利润（或亏损）、其他转入的金额（如盈余公积弥补的亏损）等项目，计算可供分配的利润：

可供分配的利润 = 净利润（或亏损）+ 年初未分配利润 - 弥补以前年度的亏损 + 其他转入的金额

如果可供分配的利润为负数（即累计亏损），则不能进行后续分配；如果可供分配利润为正数（即累计盈利），则可进行后续分配。

2. 提取法定盈余公积

按照《公司法》的有关规定，公司应当按照当年净利润（抵减年初累计亏损后）的10%提取法定盈余公积，提取的法定盈余公积累计额超过注册资本50%以上的，可以不再提取。

3. 提取任意盈余公积

公司提取法定盈余公积后，经股东会或者股东大会决议，还可以从净利润中提取任意盈余公积。

4. 向投资者分配利润（或股利）

企业可供分配的利润扣除提取的盈余公积后，形成可供投资者分配的利润：

可供投资者分配的利润 = 可供分配的利润 - 提取的盈余公积

企业可采用现金股利、股票股利和财产股利等形式向投资者分配利润（或股利）。

（二）账户设置

企业通常设置以下账户对利润分配业务进行会计核算。

1. “利润分配”账户

“利润分配”账户属于所有者权益类账户，用以核算企业利润的分配（或亏损的弥补）和历年分配（或弥补）后的余额。

该账户借方登记实际分配的利润额，包括提取的盈余公积和分配给投资者的利润，以及年末从“本年利润”账户转入的全年发生的净亏损；贷方登记用盈余公积弥补的亏损额等其他转入数，以及年末从“本年利润”账户转入的全年实现的净利润。年末，应将“利润分配”账户下的其他明细账户的余额转入“未分配利润”明细账户，结转后，除“未分配利润”明细账户可能有余额外，其他各个明细账户均无余额。“未分配利润”明细账户的贷方余额为历年累积的未分配利润（即可供以后年度分配的利润），借方余额为历年累积的未弥补亏损（即留待以后年度弥补的亏损）。

该账户应当按照“提取法定盈余公积”“提取任意盈余公积”“应付现金股利或利润”“转作股本的股利”“盈余公积补亏”和“未分配利润”等进行明细核算。

2. “盈余公积”账户

“盈余公积”账户属于所有者权益类账户，用以核算企业从净利润中提取的盈余公积。

该账户贷方登记提取的盈余公积，即盈余公积的增加额，借方登记实际使用的盈余公积，即盈余公积的减少额。期末余额在贷方，反映企业结余的盈余公积。

该账户应当按照“法定盈余公积”“任意盈余公积”进行明细核算。

3. “应付股利”账户

“应付股利”账户属于负债类账户，用以核算企业分配的现金股利或利润。

该账户贷方登记应付给投资者股利或利润的增加额；借方登记实际支付给投资者的股利或利润，即应付股利的减少额。期末余额在贷方，反映企业应付未付的现金股利或利润。

该账户可按投资者进行明细核算。

（三）账务处理

1. 净利润转入利润分配

会计期末，企业应将当年实现的净利润转入“利润分配——未分配利润”科目，即借记“本年利润”科目，贷记“利润分配——未分配利润”科目，如为净亏损，则做相反会计分录。

结转前，如果“利润分配——未分配利润”明细科目的余额在借方，上述结转当年所实现净利润的分录同时反映了当年实现的净利润自动弥补以前年度亏损的情况。因此，在用当年实现的净利润弥补以前年度亏损时，不需另行编制会计分录。

2. 提取盈余公积

企业提取的法定盈余公积，借记“利润分配——提取法定盈余公积”科目，贷记“盈余公积——法定盈余公积”科目；提取的任意盈余公积，借记“利润分配——提取任意盈余公积”科目，贷记“盈余公积——任意盈余公积”科目。

3. 向投资者分配利润或股利

企业根据股东大会或类似机构审议批准的利润分配方案，按应支付的现金股利或利润，借记“利润分配——应付现金股利”科目，贷记“应付股利”等科目；以股票、股利转作股本的金额，借记“利润分配——转作股本股利”科目，贷记“股本”等科目。

董事会或类似机构通过的利润分配方案中拟分配的现金股利或利润，不做账务处理，但应在附注中披露。

4. 盈余公积补亏

企业发生的亏损，除用当年实现的净利润弥补外，还可使用累积的盈余公积弥补。以盈余公积弥补亏损时，借记“盈余公积”科目，贷记“利润分配——盈余公积补亏”科目。

5. 企业未分配利润的形成

年度终了，企业应将“利润分配”科目所属其他明细科目的余额转入该科目“未分配利润”明细科目，即将“利润分配”的明细科目，如“利润分配——盈余公积补亏”“利润分配——提取法定盈余公积”“利润分配——提取任意盈余公积”“利润分配——应付现金股利”“利润分配——转作股本股利”等科目转入“利润分配——未分配利润”科目。

结转后，“利润分配”科目中除“未分配利润”明细科目外，所属其他明细科目无余额。“未分配利润”明细科目的贷方余额表示累积未分配的利润，该科目如果出现借方余额，则表示累积未弥补的亏损。对于未弥补亏损可以用以后年度实现的税前利润进行弥补，但弥补期限不得超过 5 年，超过 5 年以后可以用税后利润弥补，也可以用盈余公积补亏。

【例 5－39】31 日，结转企业实现净利润。

分析：这是一笔所有者权益账户一增一减的业务，应借记“本年利润”账户，贷记“利润分配”账户。其中，净利润＝1 080 000－724 700－［（1 080 000－724 700）×0.25］＝266 475 元。因此，会计分录如下：

借：本年利润　　　　266 475

　贷：利润分配——未分配利润　　　　266 475

【例 5－40】31 日，按净利润的 10% 提取法定盈余公积。

分析：这是一笔所有者权益类账户一增一减的业务，应借记“利润分配”账户，贷记“盈余公积”账户。因此，会计分录如下：

借：利润分配——提取法定盈余公积　　　　26 647.50

　贷：盈余公积——法定盈余公积　　　　26 647.50

【例 5－41】31 日，经股东会决议，决定向投资者分配利润30 000元。

分析：这是一笔负债类账户和所有者权益类账户一增一减的业务，应借记“利润分配”账户，贷记“应付股利”账户。因此，会计分录如下：

借：利润分配——应付股利　　　　30 000

　贷：应付股利　　　　30 000

第六章　会计凭证

第一节　会计凭证概述

一、会计凭证的概念与作用

（一）会计凭证的概念

会计凭证是指记录经济业务发生或者完成情况的书面证明，是登记账簿的依据。通过填制或取得会计凭证，可以明确经济责任。在会计核算工作中，处理任何一项经济业务都必须有会计凭证，不能凭空记账，只有这样才能保证会计核算的真实与客观。填制和审核会计凭证是会计核算的专门方法之一，也是会计核算工作的起点。各单位在进行会计核算时，应当以实际发生的经济业务为依据，这是会计核算应遵循的基本原则。因此，每一个单位在处理各项经济业务时，都必须由具体经办该项经济业务的有关人员，从外部取得或自行填制有关凭证，以书面形式记录和证明所发生经济业务的性质、内容、数量、金额等，并在凭证上签名或盖章，以对经济业务的合法性和凭证的真实性、可靠性负责。例如，企业从外部购买材料，必须由业务经办人员取得购货发票，并签名或盖章；企业生产中领用材料，应填制领料单等。各种发票、领料单等，都属于会计凭证。任何会计凭证都必须经过有关人员的严格审核，确认无误后，才能作为记账的依据。

（二）会计凭证的作用

会计凭证的作用是提供会计信息，会计人员可以根据会计凭证，对日常大量、分散的各种经济业务进行整理、分类、汇总、并经过会计处理，为经济管理提供有用的会计信息。主要体现在以下 3 个方面。

1. 记录经济业务，提供记账依据

会计凭证是记账的依据，通过会计凭证的填制、复核，按一定方法对会计凭证进行整理、分类、汇总，为会计记账提供真实、可靠的依据，并通过会计凭证的及时传递，对经济业务适时地进行记录。

2. 明确经济责任，强化内部控制

经济业务发生后，要取得或填制适当的会计凭证，证明经济业务已经发生或完成；同时要由经办人员，在凭证上签字、盖章，明确业务责任人。通过会计凭证的填制和审核，使有关责任人在其职权范围内各司其职、各负其责。

3. 监督经济活动，控制经济运行

通过会计凭证的审核，可以检查经济业务的发生是否符合有关的法规、制度，是否符合业务经营、财务收支的方针和计划、预算的规定，以确保经济业务的合理性、合法性和有效性。监督经济业务的发生、发展，控制经济业务的有效实施，是发挥会计管理职能的重要内容。

二、会计凭证的种类

会计凭证的形式多种多样，可以按照不同的标准进行分类。会计凭证按照填制程序和用途可分为原始凭证和记账凭证。

（一）原始凭证

原始凭证，又称单据，指在经济业务发生或完成时取得或填制的，用以记录或证明经济业务的发生或完成情况的原始凭据。原始凭证是进行会计核算的原始资料和重要依据。任何经济业务的发生，都应由有关经办人员向会计部门提供证明该项经济业务的发生与结束、能够明确经济责任的书面单据。如购买原材料时向销售方取得的发票。原始凭证是证明经济业务发生的初始文件，具有较强的法律效力，是填制记账凭证和登记账簿的原始依据。

（二）记账凭证

记账凭证又称记账凭单，是会计人员根据审核无误的原始凭证或汇总原始凭证，按照经济业务的内容加以归类，并据以确定会计分录后所填制的会计凭证，它是登记账簿的直接依据。

原始凭证和记账凭证都称为会计凭证，但就其性质来讲却截然不同。原始凭证记录的是经济信息，它是编制记账凭证的依据，是会计核算的基础；而记账凭证记录的是会计信息，它是会计核算的起点。原始凭证和记账凭证的主要差别有以下4方面。

（1）原始凭证由业务经办人员填制，而记账凭证一律由会计人员填制。

（2）原始凭证是根据发生或完成的经济业务填制的，而记账凭证则是根据审核后的原始凭证填制。

（3）原始凭证仅用以记录、证明经济业务已经发生或完成，而记账凭证则要依据会计科目对已经发生或完成的经济业务进行归类、整理编制。

（4）原始凭证是记账凭证的附件和填制记账凭证的依据，而记账凭证则是登记账簿的依据。

由于原始凭证的内容不同，格式各异，种类繁多，对应关系也不直观，如果直接根据原始凭证记账，容易发生差错，也不便于查账。因此，应先根据原始凭证或汇总原始凭证编制记账凭证，在记账凭证摘要中说明经济业务的内容，确定应借、应贷的账户名称和金额，并将原始凭证作为附件，然后根据记账凭证登记账簿。这样可以减少记账错误，便于核对和查账，保障记账工作的质量。

第二节　原始凭证

一、原始凭证的种类

原始凭证的作用主要是记载经济业务的具体内容，因经济业务的具体内容不同而不同。原始凭证可以按照取得来源、格式、填制的手续和内容进行分类。

（一）按取得的来源分类

原始凭证按照取得的来源可分为自制原始凭证和外来原始凭证。

1. 自制原始凭证

自制原始凭证是指由本单位有关部门和人员，在执行或完成某项经济业务时填制的，仅供本单位内部使用的原始凭证。如外购原材料时由仓储部门填制的收料单、车间领用原材料时填写的领料单、为了控制成本、避免浪费而产生的比领料单多了一项“定额”的限额领料单、产品入库单、发出产品时由仓储部门填写出库单、职工出差预借款时由职工填写的借款单、人力资源管理部门编制的工资发放明细表、财务部门编制的固定资产折旧计算表等。领料单、限额领料单格式如表 6－1、表6－2 所示。

表 6－1　　**领料单**

领料部门　　　　年　月　日　　　　领料编号

领料用途　　　　　　　　　　　　　发料仓库

材料编号	材料名称及规格	计量单位	数量		单价	金额
			请领	实领		
备注					合计	

发料人：　　　　审批人：　　　　领料人：　　　　记账：

表 6－2　　　　限额领料单

领料部门：　　　　　　　　　　　　用途：　　　　　　　　　　　　日期：

材料名称	规格	单位	计划投产量	单位定额消耗	领用限额	实发		
						数量	单价	金额

日期	领用			退料			限额结余数量
	数量	领料人	发料人	数量	退料人	收料人	

2. 外来原始凭证

外来原始凭证是指在经济业务发生或完成时，从其他单位或个人直接取得的原始凭证。如购买材料时取得的增值税专用发票、银行转来的各种结算凭证、对外支付款项时取得的收据、职工出差取得的飞机票、车船票等。部分外来原始凭证格式如图 6－1、图 6－2 所示。

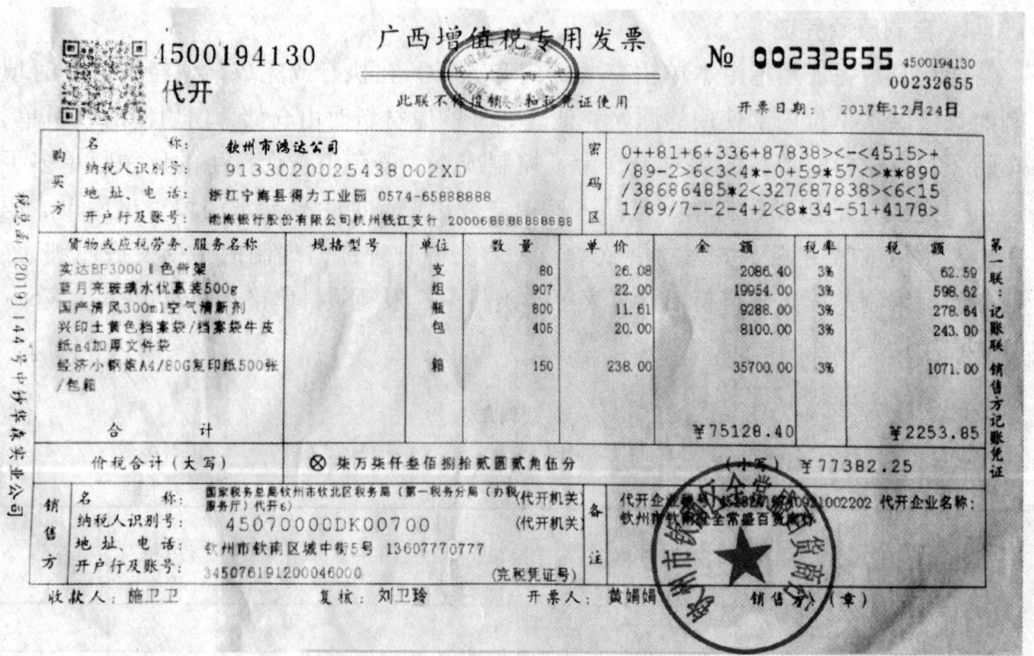
4500194130
代开
广西增值税专用发票
此联不作退税和抵扣凭证使用
№ 00232655　4500194130 00232655
开票日期：2017年12月24日

购买方	名称：钦州市鸿达公司 纳税人识别号：91330200254380002XD 地址、电话：浙江宁海县得力工业园 0574-65888888 开户行及账号：渤海银行股份有限公司杭州钱江支行 20006888888888888	密码区	0++81+6+336+87838><-<4515>+ /89-2>6<3<4*-0+59*57<>**890 /38686485*2<327687838><6<15 1/89/7--2-4+2<8*34-51+4178>

货物或应税劳务、服务名称	规格型号	单位	数量	单价	金额	税率	税额
实达BP3000 Ⅱ色带架		支	80	26.08	2086.40	3%	62.59
蓝月亮玻璃水优惠装500g		组	907	22.00	19954.00	3%	598.62
国产清风300ml空气清新剂		瓶	800	11.61	9288.00	3%	278.64
兴印土黄色档案袋/档案袋牛皮纸a4加厚文件袋		包	405	20.00	8100.00	3%	243.00
经济小钢炮A4/80G复印纸500张/包箱		箱	150	238.00	35700.00	3%	1071.00
合计					￥75128.40		￥2253.85
价税合计（大写）	⊗ 柒万柒仟叁佰捌拾贰圆贰角伍分				（小写）￥77382.25		

销售方	名称：国家税务总局钦州市钦北区税务局（第一税务分局（办税服务厅）代开6）（代开机关） 纳税人识别号：45070000DK00700（代开机关） 地址、电话：钦州市钦南区城中街5号 13607770777 开户行及账号：34507619120004600 0（完税凭证号）	备注	代开企业税号：[illegible]002202 代开企业名称：钦州市[illegible]全常盛百[illegible]

收款人：施卫卫　　复核：刘卫玲　　开票人：黄娟娟　　销售方：（章）

第一联：记账联　销售方记账凭证

税总函〔2019〕144号中钞华森实业公司

图 6－1　广西增值税专用发票示例

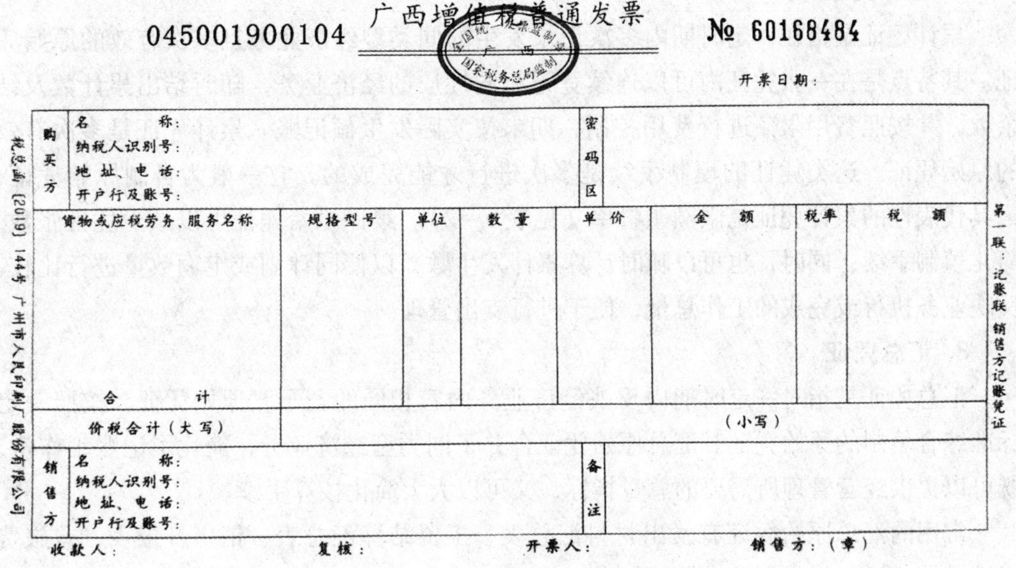

045001900104　广西增值税普通发票　№ 60168484

全国统一发票监制章 广西 国家税务总局监制

开票日期：

购买方	名称： 纳税人识别号： 地址、电话： 开户行及账号：				密码区			
货物或应税劳务、服务名称		规格型号	单位	数量	单价	金额	税率	税额
合计								
价税合计（大写）						（小写）		
销售方	名称： 纳税人识别号： 地址、电话： 开户行及账号：				备注			

收款人：　复核：　开票人：　销售方：（章）

税总函〔2019〕144号 广州市人民印制厂股份有限公司

第一联：记账联 销售方记账凭证

图6－2　广西增值税普通发票示例

（二）按照格式分类

原始凭证按照格式的不同可分为通用凭证和专用凭证。

1. 通用凭证

通用凭证是指由有关部门统一印制、在一定范围内使用的具有统一格式和使用方法的原始凭证。通用凭证的使用范围，因制作部门不同而异。可以是某一地区、某一行业，也可以是全国通用。如某省（市）印制的发票、收据等，在该省（市）通用；由人民银行印制的银行转账结算凭证，在全国通用等。

2. 专用凭证

专用凭证是指由单位自行印制、仅在本单位内部使用的原始凭证。如领料单、差旅费报销单、折旧计算表、工资费用分配表等。

（三）按填制的手续和内容分类

原始凭证按照填制的手续和内容可分为一次凭证、累计凭证和汇总凭证。

1. 一次凭证

一次凭证是指一次填制完成，只记录一笔经济业务且仅一次有效的原始凭证。外来原始凭证都是一次凭证，部分自制原始凭证也是一次凭证。如购货发票、销货发票、收据、领料单、借款单、银行结算凭证等。一次凭证是一次有效的原始凭证，其能反映一项业务的内容，使用方便灵活，但数量较多。

2. 累计凭证

累计凭证是指在一定时期内多次记录发生的同类型经济业务且多次有效的原始凭证。其特点是在一张凭证内可以连续登记相同性质的经济业务，随时结出累计数及结余数，并按照费用限额进行费用控制，期末按实际发生额记账。累计凭证是多次有效的原始凭证。这类凭证的填制手续是多次进行才能完成的。它一般为自制原始凭证，最具代表性的累计凭证是限额领料单（见表6－2）。累计原始凭证可以减少凭证张数，简化填制手续；同时，也可以随时计算累计发生数，以便同计划或定额数量进行比较，反映业务执行或完成的工作总量，便于进行支出管理。

3. 汇总凭证

汇总凭证是指对一定时期内反映经济业务内容相同的若干张原始凭证，按照一定标准综合填制的原始凭证。汇总原始凭证合并了同类型经济业务，简化了记账工作量，既可以提供经营管理所需要的总量指标，又可以大大简化核算手续。

常用的汇总原始凭证有发出材料汇总表、工资结算汇总表、销售日报表、差旅费报销单等。发出材料汇总表格式如表6－3所示。

表6－3　　发出材料汇总表　　年　月　日

会计科目	领料部门	领用材料			
		原材料	包装料	低值易耗品	合　计
生产成本	一车间				
	二车间				
	小计				
	供电车间				
	供水车间				
	小计				
制造费用	一车间				
	二车间				
	小计				
管理费用	行政部门				
合计					

会计主管：　　　　复核：　　　　制表：

二、原始凭证的基本内容

原始凭证的格式和内容因经济业务和经营管理的不同而有所差异，但应当具备以下基本内容（也称为原始凭证要素）：①凭证的名称；②填制凭证的日期；③填制凭证单位名称或者填制人姓名；④经办人员的签名或者盖章；⑤接受凭证单位名称；⑥经济业务内容；⑦数量、单价和金额。

在实际工作中，根据经营管理和特殊业务的需要，除上述基本内容外，可以增加必要的内容。对于不同单位经常发生的共同性经济业务，有关部门可以制定统一的凭证格式。如中国人民银行统一制定的银行转账结算凭证，标明了结算双方单位名称、账号等内容；中国国家铁路集团有限公司统一制定的铁路运单，标明了发货单位、收货单位、提货方式等内容。

三、原始凭证的填制要求

（一）原始凭证填制的基本要求

原始凭证是编制记账凭证的依据，是会计核算最基础的原始资料。要保证会计核算工作的质量，必须从保证原始凭证的质量做起，正确填制原始凭证。原始凭证的填制必须符合下列要求。

1. 记录真实

原始凭证所填列的经济业务内容和数字，必须真实可靠，符合实际情况。

2. 内容完整

原始凭证所要求填列的项目必须逐项填列齐全，不得遗漏和省略。需要注意的是，年、月、日要按照经济业务或者事项发生的实际日期填写；名称要齐全，不能简化；品名或用途要填写明确，不能含混不清；有关人员的签章必须齐全。

3. 手续完备

单位自制的原始凭证必须有经办单位领导人或者其他指定的人员签名盖章；对外开出的原始凭证必须加盖本单位公章或发票专用章；从外部取得的原始凭证，必须盖有填制单位的公章或发票专用章；从个人取得的原始凭证，必须有填制人员的签名盖章。总之，取得的原始凭证必须符合手续完备的要求，以明确经济责任，确保凭证的合法性、真实性。

4. 书写清楚、规范

原始凭证要按规定填写，文字要简要，字迹要清楚，易于辨认，不得使用未经国务院公布的简化汉字。大小写金额必须相符且填写规范，小写金额用阿拉伯数字逐个书写，不得写连笔字，在金额前要填写人民币符号“￥”，人民币符号“￥”与阿拉伯数字之间不得留有空白，金额数字一律填写到角分，无角分的，写“00”或符号“—”；有角无分的，分位写“0”，不得用符号“—”；大写金额用汉字壹、贰、叁、肆、伍、陆、柒、捌、玖、拾、佰、仟、万、亿、元、角、分、零、整等，一律用正楷或行书书写，大写金额前未印有“人民币”字样的，应加写“人民币”三个字，“人民币”字样和大写金额之间不得留有空白，大写金额到元或角为止的，后面要写“整”或“正”字，有分的，不写“整”或“正”字。如1 107.00元，大写金额应写成壹仟壹佰零柒元整。

5. 连续编号

各种凭证连续编号，以便查找，如果凭证已预先设定编号，如发票、支票等重要凭证，在写错作废时，应加盖“作废”戳记，妥善保管，不得撕毁。

6. 不得涂改、刮擦、挖补

原始凭证有错误的，应当由出具单位重开或更正，更正处应当加盖出具单位印章。原始凭证金额有错误的，应当由出具单位重开，不得在原始凭证上更正。

7. 填制及时

各种原始凭证一定要及时填写，并按规定的程序及时送交会计机构、会计人员进行审核。

（二）自制原始凭证的填制要求

不同的自制原始凭证，填制要求也有所不同。

1. 一次凭证的填制

一次凭证在经济业务发生或完成时，由相关业务人员一次填制完成。该凭证往往只能反映一项经济业务，或者同时反映若干项同一性质的经济业务。

2. 累计凭证的填制

累计凭证应在每次经济业务完成后，由相关人员在同一张凭证上重复填制完成。该凭证能在一定时期内不断重复地反映同类经济业务的完成情况。

3. 汇总凭证的填制

汇总凭证应由相关人员在汇总一定时期内反映同类经济业务的原始凭证后填制完成。该凭证只能将类型相同的经济业务进行汇总，不能汇总两类或两类以上的经济业务。

（三）外来原始凭证的填制要求

外来原始凭证应在企业同外单位发生经济业务时，由外单位的相关人员填制完成。外来原始凭证一般由税务局等部门统一印制或经税务部门批准由经营单位印制，在填制时加盖出具凭证单位公章或发票专用章方为有效。对于一式多联的原始凭证必须用复写纸套写或打印机套打。

四、原始凭证的审核

为了如实反映经济业务的发生和完成情况，充分发挥会计的监督职能，保证会计信息的真实、合法、完整和准确，会计人员必须对原始凭证进行严格审核，坚持原则，坚持制度，认真审查每一项应审核的内容。对于原始凭证的审核，内容主要包括以下6个方面。

（一）真实性

原始凭证作为会计信息的基本信息源，其真实性对会计信息的质量具有至关重要的影响。其真实性的审核包括凭证日期是否真实、业务内容是否真实、数据是否真实等内容。对外来原始凭证，必须有填制单位印章和填制人员签章；对自制原始凭证，必须有经办部门和经办人员的签名或盖章。此外，对通用原始凭证，还应审核凭证本身的真实性，以防假冒。

（二）合法性

审核原始凭证所记录的经济业务是否有违反国家法律法规的情况，是否履行了规定的凭证传递和审核程序，是否有贪污腐化等行为。

（三）合理性

审核原始凭证所记录经济业务是否符合企业生产经营活动的需要，是否符合有关的计划和预算等。

（四）完整性

审核原始凭证各项基本要素是否齐全，是否有漏项情况，日期是否完整，数字是否清晰，文字是否工整，有关人员签章是否齐全，凭证联次是否正确等。

（五）正确性

审核原始凭证各项金额的计算及填写是否正确，包括阿拉伯数字分位填写，不得连写；小写金额前要标明“￥”字样，中间不能留有空位；大写金额前要加“人民币”字样，大写金额与小写金额要相符；凭证中有书写错误的，应采用正确的方法更正，不能采用涂改、刮擦、挖补等不正确方法。

（六）及时性

原始凭证的及时性是保证会计信息及时性的基础。为此，要求在经济业务发生或完成时及时填制有关原始凭证，及时进行凭证的传递。审核时应注意审查凭证的填制日期，尤其是支票、银行汇票、银行本票等时效性较强的原始凭证，更应仔细验证其签发日期。经审核的原始凭证应根据以下情况处理。

第一，对于完全符合要求的原始凭证，应及时据以编制记账凭证入账。

第二，对于真实、合法、合理但内容不够完整、填写有错误的原始凭证，应退回给有关经办人员，由其负责将有关凭证补充完整、更正错误或重开后，再办理正式会计手续。

第三，对于不真实、不合法的原始凭证，会计机构、会计人员有权不予接受，并向单位负责人报告。

原始凭证的审核是一项严肃、细致的重要工作，会计人员必须熟悉国家有关法规和制度以及本单位的有关规定，这样才能掌握审核和判断是非的标准，确定经济业务是否合理、合法，从而做好原始凭证的审核工作，实现正确有效的会计监督。另外，审核人员还必须做好宣传解释工作，因为原始凭证所证明的经济业务需要由有关领导和职工经手办理，只有对他们做好宣传解释工作，才能避免发生违法、违规的经济业务。

第三节　记账凭证

一、记账凭证的种类

记账凭证是由会计人员根据审核无误的原始凭证按设置的会计科目运用复式记账方法填制的，用于确定经济业务应记入科目、记账方向和记账金额的书面文件。记账凭证可按不同的标准进行分类，按照用途可分为专用记账凭证和通用记账凭证；按照填列方式可分为单式记账凭证和复式记账凭证。

（一）按凭证的用途分类

记账凭证按照用途分类，可以分为专用记账凭证和通用记账凭证。

1. 专用记账凭证

专用记账凭证是指分类反映经济业务、记录某一特定种类经济业务的记账凭证。按其反映的经济业务内容是否与现金、银行存款收付有关，可分为收款凭证、付款凭证和转账凭证。一般预先印制好空白凭证，待发生经济业务后根据业务种类在相应的记账凭证中填入会计分录及相关内容。

（1）收款凭证。收款凭证是指用于记录现金和银行存款收款业务的记账凭证。它是出纳人员根据库存现金收入业务和银行存款收入业务的原始凭证编制的专用凭证，据以作为登记现金和银行存款等有关账户（账簿）的依据。收款凭证的格式如图6－3所示。

收款凭证

借方科目：　　　　年　月　日　　　　字第　　号

摘　要	贷方科目		金额										记账符号
	总账科目	明细科目	千	百	十	万	千	百	十	元	角	分	
结算方式及票号：	合计金额												

附单据　　张

会计主管　　稽核　　记账　　出纳　　制单

图6－3　收款凭证

（2）付款凭证。付款凭证是指用于记录现金和银行存款付款业务的记账凭证。它是出纳人员根据库存现金和银行存款付出业务的原始凭证编制的专用凭证，作为登记现金和银行存款等有关账户（账簿）的依据。付款凭证的格式如图 6－4 所示。

付款凭证

贷方科目：　　　　　　年　月　日　　　　　　字第　号

摘　要	借方科目		金额										记账符号
	总账科目	明细科目	千	百	十	万	千	百	十	元	角	分	
结算方式及票号：	合计金额												

附单据　张

会计主管　　稽核　　记账　　出纳　　制单

图 6－4　付款凭证

（3）转账凭证。转账凭证是指用于记录不涉及现金和银行存款业务的记账凭证。在经济业务中，凡是不涉及现金和银行存款收付的业务，称之为转账业务，如计提固定资产折旧、车间领用原材料、期末结转成本等。转账凭证即会计人员根据有关转账业务的原始凭证编制的，作为记账依据的专用凭证。转账凭证的格式如图 6－5 所示。

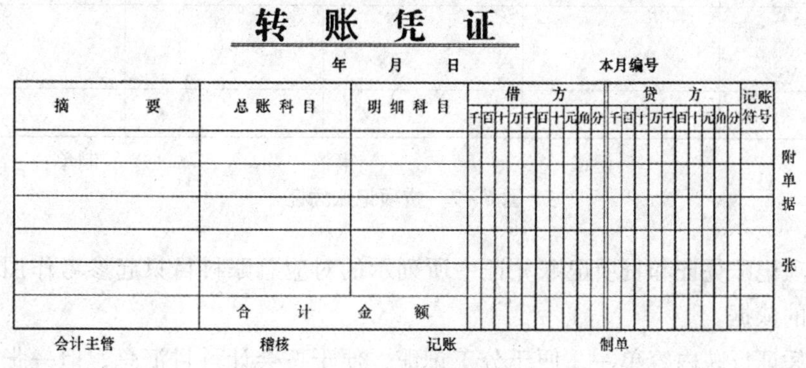

转账凭证

年　月　日　　　　　　本月编号

摘　要	总账科目	明细科目	借方										贷方										记账符号
			千	百	十	万	千	百	十	元	角	分	千	百	十	万	千	百	十	元	角	分	
	合计金额																						

附单据　张

会计主管　　稽核　　记账　　制单

图 6－5　转账凭证

将记账凭证划分为收款凭证、付款凭证和转账凭证三种，便于按经济业务对会计人员进行分工，也便于提供分类核算数据，为记账工作带来方便，但工作量较大。此种做法为大多数企事业单位所采用，适用于规模较大、款项收付业务较多的单位。

2. 通用记账凭证

通用记账凭证是指用来反映所有经济业务的记账凭证，为各类经济业务所共同使用，不再区分收款、付款和转账三类凭证，其格式与转账凭证基本相同。适用于规模不大、款项收付业务不多的中小型企业。

（二）按凭证的填列方式分类

1. 单式记账凭证

单式记账凭证亦称单科目记账凭证，是指只填列经济业务所涉及的一个会计科目及其金额的记账凭证。填列借方科目的称为借项记账凭证，填列贷方科目的称为贷项记账凭证。经济业务涉及几个会计科目，就编制几张单式记账凭证。单式记账凭证的格式和内容如图6－6、图6－7所示。

借项记账凭证

年　　月　　日　　　　　　　　　　　　　　　　凭证编号　　字　　号

摘　要	总账科目	明细科目	账　页	金　额
	合　计			

附单据　张

会计主管：　　　　记账：　　　　审核：　　　　制单：

图6－6　借项记账凭证

贷项记账凭证

年　　月　　日　　　　　　　　　　　　　　　　凭证编号　　字　　号

摘　要	总账科目	明细科目	账　页	金　额
	合　计			

附单据　张

会计主管：　　　　记账：　　　　审核：　　　　制单：

图6－7　贷项记账凭证

在借项记账凭证和贷项记账凭证中所列示的对应总账科目只起参考作用，不作为登记账簿的依据。

单式凭证反映内容单一，便于分工记账，便于按会计科目汇总，但一张凭证不能反映每一笔经济业务的全貌，不便于检验会计分录的正确性。且凭证资料过于分散，不能集中反映经济业务的概况。

2. 复式记账凭证

复式记账凭证亦称多科目记账凭证，是将每一笔经济业务所涉及的全部科目及其发生额均在同一张记账凭证中反映的一种凭证。它是实际工作中应用最普遍的记账凭证。如上述图6－3、图6－4、图6－5的凭证，以及通用记账凭证均为复式记账凭证。

复式记账凭证全面反映了经济业务的账户对应关系，能够降低编制凭证的工作量，减少记账凭证的张数，有利于检查会计分录的正确性，但在使用中不便于传递、汇总，也不便于会计岗位上的分工记账。

二、记账凭证的基本内容

记账凭证是登记账簿的依据，因其所反映经济业务的内容不同、各单位规模大小及其对会计核算繁简程度的要求不同，其内容有所差异，但应当具备以下基本内容。

1. 填制凭证的日期

记账凭证是在哪一天编制的，就写上哪一天的日期。记账凭证的填制日期与原始凭证的填制日期可能相同，也可能不同。记账凭证应及时填制，但一般稍后于原始凭证的填制。

2. 凭证编号

记账凭证要根据经济业务发生的先后顺序按月连续编号，按编号顺序记账。企业既可以按收款、付款、转账 3 类业务分收、付、转 3 类编号，也可细分为现收、现付、银收、银付、转账 5 类编号。例如，本月有现金收款凭证 20 张，编号即从“现收字第 1 号”编至“现收字第 20 号”止，其余类推。这种编号，也是出纳登记现金和银行存款日记账的依据。如一张凭证涉及两张记账凭证的，可以用分数表示，如“20（$\frac{1}{2}$）”“20（$\frac{2}{2}$）”等。凭证编号，既便于装订保管和登记账簿，也便于日后检查。

3. 经济业务摘要

摘要应能清晰地揭示经济业务的内容，同时要简明扼要。

4. 会计科目及金额

应注意填制的会计科目及其记账方向，以及该经济业务发生的金额。

5. 所附原始凭证张数

原始凭证是编制记账凭证的根据，缺少它就无从审核记账凭证正确与否。

6. 相关人员的签名或者盖章

记账凭证填制人员、稽核人员、记账人员、会计机构负责人、会计主管人员签名或者盖章。收款和付款记账凭证还应当由出纳人员签名或者盖章。以自制的原始凭证或者原始凭证汇总表代替记账凭证的，也必须具备记账凭证应有的项目。

三、记账凭证的填制要求

记账凭证根据审核无误的原始凭证或原始凭证汇总表填制。记账凭证填制正确与否，直接影响整个会计系统最终提供信息的质量。与原始凭证的填制相同，记账凭证也有记录真实，内容完整，手续齐全，填制及时等要求。

（一）记账凭证填制的基本要求

（1）记账凭证各项内容必须完整。

（2）记账凭证的填写应当清楚、规范，其要求同原始凭证内容一致。

（3）除结账和更正错账可以不附原始凭证外，其他记账凭证必须附原始凭证。所附原始凭证张数的计算，一般以原始凭证的自然张数为准。与记账凭证中的经济业务事项记录有关的每一张证据都应当作为原始凭证的附件。如果记账凭证中附有原始凭证汇总表，则应该把所附原始凭证和原始凭证汇总表的张数一起计入附件的张数之内。但报销差旅费等零散票券，可以粘贴在一张纸上，作为一张原始凭证。一张原始凭证如涉及几张记账凭证的，可以把原始凭证附在一张主要的记账凭证后面，并在其他记账凭证上注明附有该原始凭证的记账凭证的编号或者附上该原始凭证的复印件。

一张原始凭证所列的支出需要由几个单位共同负担时，应当由保存该原始凭证的单位开具原始凭证分割单给其他应负担的单位。原始凭证分割单必须具备原始凭证的基本内容，如凭证的名称，填制凭证的日期，填制凭证单位的名称或填制人的姓名，经办人员的签名或盖章，接受凭证单位的名称，经济业务的内容、数量、单价、金额和费用的分摊情况等。

（4）记账凭证可以根据每一张原始凭证填制或根据若干张同类原始凭证汇总填制，也可以根据原始凭证汇总表填制；但不得将不同内容和类别的原始凭证汇总填制在一张记账凭证上。

（5）记账凭证应连续编号。凭证应由主管该项业务的会计人员，按业务发生的顺序并按不同种类的记账凭证采用“字号编号法”连续编号。如果一笔经济业务需要填制两张以上（含两张）记账凭证的，可以采用“分数编号法”编号。

（6）填制记账凭证时若发生错误，应当重新填制。已登记入账的记账凭证在当年内发现填写错误时，可以用红字填写一张与原内容相同的记账凭证，在摘要栏注明“注销某月某日某号凭证”字样，同时再用蓝字重新填制一张正确的记账凭证，注明“订正某月某日某号凭证”字样。如果会计科目没有错误，只是金额错误，也可将正确数字与错误数字之间的差额，另编一张调整的记账凭证，调增金额用蓝字、调减金额用红字。

（7）记账凭证填制完成后，如有空行，应当自金额栏最后一笔金额数字下的空行处至合计数上的空行处画线注销。

（二）收款凭证的填制要求

收款凭证左上角的“借方科目”按收款的性质填写“库存现金”或“银行存款”；日期填写的是填制本凭证的日期；右上角填写填制收款凭证的编号；“摘要”

填写对所记录的经济业务的简要说明；“贷方科目”填写与收入“库存现金”或“银行存款”相对应的会计科目；“记账符号”是该凭证已登记账簿的标记，防止经济业务重记或漏记；“金额”是指该项经济业务的发生额；该凭证右边“附单据　张”是指本记账凭证所附原始凭证的张数；最下边分别由有关人员签章，以明确经济责任。

【例6－1】钦州鸿达公司2018年8月8日销售A产品一批，售价100 000元，增值税税率为16%，收到购货单位支付货款116 000元的转账支票并已交银行进账。会计人员根据有关原始凭证确定此项业务会计分录后填制记账凭证中的收款凭证，钦州鸿达公司记账凭证如图6－8所示。

收款凭证

总第102号

借方科目：银行存款　　2018年8月8日　　银收字第　29　号

摘要	贷方科目		金额										记账符号
	总账科目	明细科目	千	百	十	万	千	百	十	元	角	分	
销售A产品收到货款	主营业务收入	甲产品			1	0	0	0	0	0	0	0	
	应交税费	应交增值税				1	6	0	0	0	0	0	√
结算方式及票号：	合计金额			¥	1	1	6	0	0	0	0	0	

附单据1张

会计主管　张禹　　稽核　王齐　　记账　李红　　出纳　赵红　　制单　刘亮

图6－8　钦州鸿达公司记账凭证（1）

如果发生的业务是与库存现金收款有关的业务，则左上角“借方科目”后应填列“库存现金”，右上角的编号填“现收”字样。

（三）付款凭证的填制要求

付款凭证是根据审核无误的有关库存现金和银行存款的付款业务的原始凭证填制的。付款凭证的填制方法与收款凭证基本相同，不同的是在付款凭证的左上角应填列贷方科目，即“库存现金”或“银行存款”科目，“借方科目”栏应填写与“库存现金”或“银行存款”相应的一级科目和明细科目。

如果发生的业务是与库存现金付款有关的业务，则左上角“贷方科目”后应填列“库存现金”，右上角的编号填“现付”字样。

【例6－2】钦州鸿达公司2018年8月18日将当日多余的现金12 000元存入银行。此时，应编制一张现金的付款凭证，如图6－9所示。

对于涉及“库存现金”和“银行存款”之间的相互划转业务，为了避免重复记账，一般只填制付款凭证，不再填制收款凭证。

出纳人员在办理收款或付款业务后，应在原始凭证上加盖“收讫”或“付讫”的

付款凭证

总第112号

贷方科目：库存现金　　2018年8月18日　　现付字第23号

摘要	借方科目 总账科目	借方科目 明细科目	金额（千百十万千百十元角分）	记账符号
现金转入银行	银行存款		1200000	√
结算方式及票号：	合计金额		¥1200000	

附单据3张

会计主管 张禹　稽核 王齐　记账 李红　出纳 赵红　制单 刘亮

图6-9　钦州鸿达公司记账凭证（2）

戳记，以免重收重付，如企业为了发放工资从银行提取现金时，在销售材料收到现金存入银行时，每一笔经济业务按理应当分别编制银行和现金的收款凭证和付款凭证。但是在现实中，为了避免发生重复记账的问题，一般遇到这类业务只以货币资金的付出方编制付款凭证，而不再编制收款凭证。

（四）转账凭证的填制要求

转账凭证通常是根据有关转账业务的原始凭证填制的。转账凭证中“总账科目”和“明细科目”栏应填写应借、应贷的总账科目和明细科目，借方科目应记金额在同一行的“借方金额”栏填列，贷方科目应记金额在同一行的“贷方金额”栏填列，“借方金额”栏合计数与“贷方金额”栏合计数应相等。

【例6-3】钦州鸿达公司2018年8月10日应发工资100 000元。其中，甲产品一车间直接生产人员工资50 000元；一车间管理人员工资20 000元；公司管理人员工资为20 000元；公司专设产品销售机构人员工资为10 000元。会计人员根据工资分配表填制转账凭证，记录其会计分录，如图6-10所示。

转账凭证

2018年8月10日　　本月编号10

摘要	总账科目	明细科目	借方（千百十万千百十元角分）	贷方（千百十万千百十元角分）	记账符号
工资	生产成本	甲产品	5000000		
	制造费用	一车间	2000000		
	管理费用		2000000		
	销售费用		1000000		
	应付职工薪酬			10000000	√
	合计金额		¥10000000	¥10000000	

附单据2张

会计主管 张禹　稽核 王齐　记账 李红　出纳 赵山　制单 刘亮

图6-10　钦州鸿达公司记账凭证（3）

此外，某些既涉及收付款业务，又涉及转账业务的综合性业务，可分开填制不同类型的记账凭证。

【例 6－4】钦州鸿达公司2018年 8 月 30 日，购买生产设备一台，价值150 000元，转账支付50 000元，余款签发半年期银行承兑汇票一张支付。此时，应分别编制付款凭证和转账凭证如图 6－11、图 6－12 所示。

付款凭证

总第 148 号

贷方科目：银行存款　　2018 年 8 月 30 日　　银付 字第 55 号

摘要	借方科目 总账科目	借方科目 明细科目	金额（千百十万千百十元角分）	记账符号
购买生产设备	固定资产	生产设备	5000000	√
结算方式及票号：	合计金额		¥5000000	

附单据 1 张

会计主管 张禹　　稽核 王齐　　记账 李红　　出纳 赵山　　制单 刘亮

图 6－11　钦州鸿达公司记账凭证（4）

转账凭证

2018 年 8 月 30 日　　本月编号 40

摘要	总账科目	明细科目	借方（千百十万千百十元角分）	贷方（千百十万千百十元角分）	记账符号
购买生产设备	固定资产	生产设备	10000000		
签发银行汇票	应付票据			10000000	√
	合计金额		¥10000000	¥10000000	

附单据 3 张

会计主管 张禹　　稽核 王齐　　记账 李红　　出纳 赵山　　制单 刘亮

图 6－12　钦州鸿达公司记账凭证（5）

四、记账凭证的审核

为了保证会计信息的质量，在记账之前应由有关稽核人员对记账凭证进行严格的审核，审核的内容主要包括以下方面。

1. 内容是否真实

审核记账凭证是否有原始凭证为依据，所附原始凭证的内容与记账凭证的内容是否一致，记账凭证汇总表的内容与其所依据的记账凭证的内容是否一致等。

2. 项目是否齐全

审核记账凭证各项目的填写是否齐全，如日期、凭证编号、摘要、会计科目、金额、所附原始凭证张数及有关人员签章等。

3. 科目是否正确

审核记账凭证的应借、应贷科目是否正确，是否有明确的账户对应关系，所使用的会计科目是否符合国家统一的会计制度的规定等。

4. 金额是否正确

审核记账凭证所记录的金额与原始凭证的有关金额是否一致，计算是否正确，记账凭证汇总表的金额与记账凭证的金额合计是否相符等。

5. 书写是否规范

审核记账凭证中的记录是否文字工整、数字清晰，是否按规定进行更正等。

6. 手续是否完备

出纳人员在办理收款或付款业务后，应在凭证上加盖“收讫”或“付讫”的戳记，以避免重收重付。

第四节　会计凭证的传递与保管

一、会计凭证的传递

会计凭证的传递是指从会计凭证的取得或填制时起至归档保管过程中，在单位内部有关部门和人员之间的传送程序。会计凭证的传递应当满足内部控制制度的要求，使传递程序合理有效，同时尽量节约传递时间，减少传递的工作量。各单位应根据具体情况确定每一种会计凭证的传递程序和方法。

会计凭证的传递具体包括传递程序和传递时间。各单位应根据经济业务特点、内部机构设置、人员分工和管理要求，具体规定各种凭证的传递程序；根据有关部门和经办人员办理业务的情况，确定凭证的传递时间。

各种会计凭证所记载的经济业务不同，涉及的部门和人员不同，据以办理的业务手续也不同。因此，应当为各种会计凭证规定一个合理的传递程序。即一张会计凭证填制后应交到哪个部门、哪个岗位、由谁办理业务手续，直至归档保管为止。如凭证有一式数联的，还应规定每一联传到哪个部门，具体用途等。各种会计凭证还应根据其办理业务手续所需的时间，规定它的传递时间。其目的是使各个工作环节环环相扣，相互督促，以提高工作效率。

正确组织会计凭证的传递，对及时处理业务和加强会计监督具有重要作用。在制定合理的凭证传递程序和时间时，通常考虑以下几点。

第一，要根据经济业务的特点、企业内部的机构设置和人员分工情况以及管理上的要求等，具体规定各种凭证的联数和传递程序，使有关部门既能按规定手续处理业务，又能利用凭证资料掌握情况，提供数据，协调一致。同时还要注意流程合理，避免不必要的环节，以加快传递速度。

第二，要根据有关部门和人员办理业务的必要手续时间，确定凭证的传递时间，时间过紧，会影响业务手续的完成，过松则影响工作效率。

第三，要通过调查研究和协商来制订会计凭证的传递程序和传递时间。原始凭证大多涉及本单位内部各个部门和经办人员，因此，会计部门应会同有关部门和人员共同协商其传递程序和时间。记账凭证是会计部门的内部凭证，可由会计主管会同制证、审核、出纳、记账等有关人员商定其传递程序和时间。

会计凭证的传递程序和传递时间确定后，可为若干主要业务绘制流程图或流程表，通知有关人员遵守执行。执行中如有不合理的地方，可随时根据实际情况加以修改。

二、会计凭证的保管

会计凭证的保管是指会计凭证记账后的整理、装订、归档和存查工作。会计凭证作为记账的依据，是重要的会计档案和经济资料。本单位以及其他有关单位，可能因为各种需要查阅会计凭证，特别是发生贪污、盗窃、违法乱纪行为时，会计凭证还是依法处理的有效证据。因此，任何单位在完成经济业务手续和记账后，必须将会计凭证按规定的立卷归档制度形成会计档案资料，妥善保管，防止丢失，不得任意销毁，以便日后随时查阅。

对会计凭证的保管，既要做到完整无缺，又要便于翻阅查找。其要求主要有以下几方面。

（1）会计凭证应定期装订成册，防止散失。会计部门在依据会计凭证记账以后，应定期（每天、每旬或每月）对各种会计凭证进行分类整理，将各种记账凭证按照编号顺序，连同所附的原始凭证一起加具封面和封底，装订成册，并在装订线上加贴封签，由装订人员在装订线封签处签名或盖章。

从外单位取得的原始凭证遗失时，应取得原签发单位盖有公章的证明，并注明原始凭证的编号、金额、内容等，由经办单位会计机构负责人（会计主管人员）和单位负责人批准后，才能代作原始凭证。若确实无法取得证明的，如车票丢失，则应由当事人写明详细情况，由经办单位会计机构负责人（会计主管人员）和单位负责人批准后，代作原始凭证。

（2）会计凭证封面应注明单位名称、凭证种类、凭证张数、起止号数、年度、月份、会计主管人员和装订人员等有关事项，会计主管人员和保管人员应在封面上签章。会计凭证封面的一般格式如图 6 – 13 所示。

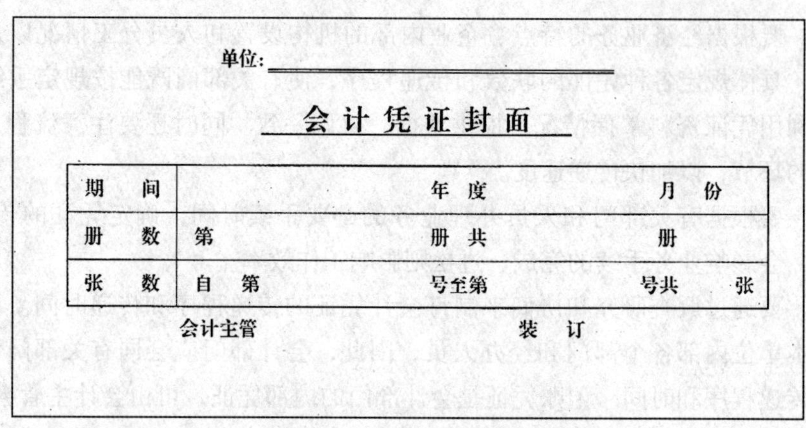
单位：

会计凭证封面

期　间	年度	月份
册　数	第　　册共	册
张　数	自　第　　号至第	号共　　张

会计主管　　装　订

图 6－13　会计凭证封面

（3）会计凭证应加贴封条，防止抽换凭证。原始凭证不得外借，其他单位如有特殊原因确实需要使用时，经本单位会计机构负责人（会计主管人员）批准，可以复制。向外单位提供的原始凭证复制件，应在专设的登记簿上登记，并由提供人员和收取人员共同签名、盖章。

（4）原始凭证较多时，可单独装订，但应在凭证封面注明所属记账凭证的日期、编号和种类，同时在所属的记账凭证上应注明“附件另订”及原始凭证的名称和编号，以便查阅。对各种重要的原始凭证，如押金收据、提货单等，以及各种需要随时查阅和退回的单据，应另编目录，单独保管，并在有关的记账凭证和原始凭证上分别注明日期和编号。

（5）每年装订成册的会计凭证，在年度终了时可暂由单位会计机构保管 1 年，期满后应当移交本单位档案机构统一保管；未设立档案机构的，应当在会计机构内部指定专人保管。出纳人员不得兼管会计档案。

（6）严格遵守会计凭证的保管期限要求，期满前不得任意销毁。会计凭证等会计档案保管期满可以销毁，但应当遵循相应的程序和要求。

①由本单位档案机构提出销毁意见，编制会计档案销毁清册。会计档案销毁清册是销毁会计档案的记录和报批文件，一般应包括销毁会计档案的名称、卷号、册数、起止年度和档案编号、应保管期限、已保管期限、销毁时间等内容。

②单位负责人应当在会计档案销毁清册上签署意见。

③销毁会计档案时，应当由单位档案机构和会计机构共同派员监销。国家机关销毁会计档案时，应当由同级财政部门、审计部门派员参加监销。财政部门销毁会计档案时，应当由同级审计部门派员参加监销。

④监销人在销毁会计档案前，应当按照会计档案销毁清册所列内容清点核对所要销毁的会计档案；销毁后，应当在会计档案销毁清册上签名盖章，并将监销情况报告本单位负责人。

对于保管期满但未结清的债权债务原始凭证以及涉及其他未了事项的原始凭证，不得销毁，应单独抽出，另行立卷，由档案部门保管到未了事项完结时为止。单独抽出立卷的会计档案，应当在会计档案销毁清册和会计档案保管清册中列明。

正在项目建设期间的建设单位，其保管期满的会计档案不得销毁。

第七章　会计账簿

第一节　会计账簿概述

一、会计账簿的概念与作用

会计账簿是指由一定格式的账页组成的，以经过审核的会计凭证为依据，全面、系统、连续地记录各项经济业务的簿籍。

通过会计凭证的填制与审核，可以将每天发生的经济业务如实、正确地记录，明确经济责任。会计凭证数量繁多、信息分散，难以全面、完整地了解企业的财务状况，不便于会计信息的整理与报告，因此各单位应当按照国家统一的会计制度的规定和会计业务的需要设置会计账簿，以便系统地归纳会计信息，全面、系统、连续地核算和监督单位的经济活动及其财务收支情况。

各单位应当按照国家统一的会计制度的规定和会计业务的需要设置会计账簿。设置和登记账簿，是编制财务报表的基础，是连接会计凭证和财务报表的中间环节。设置和登记账簿的作用主要有以下 4 方面。

（1）通过账簿的设置和登记，可以记载和储存会计信息。将会计凭证所记录的经济业务逐笔、逐项记入有关账簿，可以全面反映一定时期发生的各项经济活动，及时储存所需要的各项会计信息。

（2）通过账簿的设置和登记，可以分类和汇总会计信息。通过账簿记录，可以将分散在会计凭证上大量的核算资料，按其不同性质加以归类、整理和汇总，以便全面、系统、连续和分类地提供企业资产、负债、所有者权益、收入、费用和利润等会计要素的增减变化情况，及时提供各方面所需要的总括会计信息，为管理决策提供依据。

（3）通过账簿的设置和登记，可以检查和校正会计信息。账簿记录是对会计凭证的进一步整理，账簿记录也是会计分析、会计检查的重要依据。如账簿中记录的财产物资的账面数可以通过实地盘点的方法，与实存数进行核对，来检查财产物资是否妥善保管，账实是否相符。

（4）通过账簿的设置和登记，可以编报和输出会计信息。会计账簿是对会计凭证的系统化，提供的是全面、系统、分类的会计信息，因而账簿记录是编制会计报表的主要资料来源，账簿所提供的资料，是编制会计报表的主要依据。

此外，账簿可以提供资产、负债、所有者权益、收入、费用、利润等方面总括和详细的数据，完整、全面地记录了一个单位经济活动的历史数据，是日后各种经济事项查证的重要依据。

在实际工作中，由于各种会计账簿所记录的经济业务不同，账簿的格式也多种多样，但各种账簿都应具备以下基本内容。

1. 封面

封面主要用来标明账簿的名称，如总分类账、各种明细分类账、现金日记账、银行存款日记账等。

2. 扉页

扉页主要列明科目索引、账簿启用和经管人员一览表（活页账，卡片账在装订成册后，填列账簿启用和经管人员一览表，其格式见表7－1)。

表7－1　　　　**账簿启用和经管人员一览表**

账簿名称：　　　　　　　　　　　单位名称：
账簿编号：　　　　　　　　　　　账簿册数：
账簿页数：　　　　　　　　　　　启用日期：

移交日期			移交人		接管日期			接管人	
年	月	日	姓名	盖章	年	月	日	姓名	盖章

单位负责人（盖章）：　　　　会计主管（盖章）：　　　　记账人员（盖章）：

3. 账页

账页是账簿用来记录经济业务事项的载体，包括账户的名称、登记账户的日期栏、凭证种类和号数栏、摘要栏（记录经济业务内容的简要说明)、金额栏（记录经济业务的金额增减变动情况)、总页次和分户页次等基本内容。

账簿与账户的关系是形式和内容的关系。账簿是由若干账页组成的一个整体，账簿中的每一账页就是账户的具体存在形式和载体，没有账簿，账户就无法存在；账簿序时、分类地记录经济业务，是在各个具体的账户中完成的。因此，账簿只是一个外在形式，账户才是它的实质内容。

二、会计账簿的种类

会计账簿的种类很多，不同类别的会计账簿可以提供不同的信息，满足不同的需要。

（一）按用途分类

1. 序时账簿

序时账簿是按照经济业务发生时间的先后顺序逐日、逐笔登记的账簿。在实际工作中，这种账簿通常是按照记账凭证编号的先后顺序逐日进行登记的，因此又称为日记账。序时账簿按其记录的内容，可分为普通日记账和特种日记账。

普通日记账是对全部经济业务按其发生时间的先后顺序逐日、逐笔登记的账簿；特种日记账是对某一特定种类的经济业务按其发生时间的先后顺序逐日、逐笔登记的账簿。在实际工作中，因经济业务的复杂性，一般很少采用普通日记账，应用较为广泛的是特种日记账。为了加强对货币资金的监督和管理，各单位应当设置专门记录和反映现金收付业务及其结存情况的银行存款日记账。在我国，大多数单位一般只设现金日记账和银行存款日记账，而不设置转账日记账。

2. 分类账簿

分类账簿是按照会计要素的具体类别而设置的分类账户进行登记的账簿。账簿按其反映经济业务的详略程度，可分为总分类账簿和明细分类账簿。

总分类账簿，又称总账，是根据总分类账户开设的，能够全面地反映企业的经济活动；明细分类账簿，又称明细账，是根据明细分类账户开设的，用来提供明细的核算资料。总账对所属的明细账起统驭作用，明细账对总账进行补充和说明。

分类账簿和序时账簿的作用不同。序时账簿能提供连续的、系统的信息，反映企业资金运动的全貌；分类账簿则是按照经营与决策的需要而设置的账户，归集并汇总各类信息，反映资金运动的各种状态、形式及其构成。在账簿组织中，分类账簿占有特别重要的地位。因为只有通过分类账簿，才能把数据按账户形成不同的信息，满足编制会计报表的需要。

3. 备查账簿

备查账簿，又称辅助登记簿或补充登记簿，指对某些在序时账簿和分类账簿中未能记载或记载不全的经济业务进行补充登记的账簿。备查账簿可以为某项经济业务的内容提供必要的参考资料，加强企业对使用和保管的属于他人的财产物资的监督。例如，租入固定资产登记簿、受托加工材料登记簿、代销商品登记簿等。备查账簿只是对其他账簿记录的一种补充，与其他账簿之间不存在严密的依存和勾稽关系。备查账簿根据企业的实际需要设置，没有固定的格式要求。

备查账簿与序时账簿和分类账簿相比，存在两点不同：一是登记依据可能不需要记账凭证，甚至不需要一般意义上的原始凭证；二是账簿的格式和登记方法不同，备查账簿的主要栏目不记录金额，它更注重用文字来表述某项经济业务的发生情况。

（二）按账页格式分类

账页格式指账簿内一张账页上所设的账户栏目结构。备查账簿无统一的格式规定，但序时账簿、分类账簿的格式有很强的规范性。借贷记账法下，一个账户的基本结构是借方、贷方、余额三个主要栏目，但实务中因不同账户提供数据要求不同，有不同的设置。序时账簿和分类账簿目前采用的主要格式有两栏式账簿、三栏式账簿、多栏式账簿、数量金额式账簿、横线登记式账簿。

1. 两栏式账簿

两栏式账簿是指只有借方和贷方两个金额栏目的账簿。普通日记账和转账日记账一般采用两栏式。

2. 三栏式账簿

三栏式账簿是指设有借方、贷方和余额三个金额栏目的账簿。各种日记账、总分类账以及资本、债权、债务明细账都可采用三栏式账簿。三栏式账簿又分为设对方科目和不设对方科目两种。区别是在摘要栏和借方科目栏之间是否有一栏“对方科目”。有“对方科目”栏的，称为设对方科目的三栏式账簿；不设“对方科目”栏的，称为不设对方科目栏的三栏式账簿。

3. 多栏式账簿

多栏式账簿是指在账簿的两个金额栏目（借方和贷方）按需要分设若干专栏的账簿。如多栏式日记账、多栏式明细账。但是，其专栏设置在借方还是在贷方，或是两方同时设专栏及专栏的数量等，均应根据需要确定。收入、费用、成本、利润明细账一般均采用这种格式的账簿。

4. 数量金额式账簿

数量金额式账簿是指在账簿的借方、贷方和余额三个栏目内，每个栏目再分设数量、单价和金额三小栏，借以反映财产物资的实物数量和价值量的账簿。如原材料、库存商品等明细账一般都采用数量金额式账簿。

5. 横线登记式账簿

横线登记式账簿，又称平行式账簿，指将前后密切相关的经济业务登记在同一行上，以便检查每笔业务的发生和完成情况的账簿。这种格式适用于物资采购和某些应收、应付款项的明细核算。

（三）按外形特征分类

外形特征是指账页组合成册的形式。备查账簿的外形没有统一的要求，日记账、分类账根据各种账簿所载账户的变动性和数据的重要性不同，可以采用订本式账簿、活页式账簿、卡片式账簿。

1. 订本式账簿

订本式账簿，简称订本账，是在启用前将编有顺序页码的一定数量账页装订成册的账簿。订本账的优点是能避免账页散失和防止抽换账页，缺点是不能准确为各账户预留账页。这种账簿一般适用于总分类账、库存现金日记账、银行存款日记账。

2. 活页式账簿

活页式账簿，简称活页账，是将一定数量的账页置于活页夹内，可根据记账内容的变化而随时增加或减少部分账页的账簿。这类账簿的优点是记账时可以根据实际需要，随时将空白账页装入账簿，或抽去不需用的账页，便于分工记账；其缺点是如果管理不善，可能会造成账页散失或故意抽换账页。通常各种明细分类账一般采用活页账形式。

3. 卡片式账簿

卡片式账簿，简称卡片账，是将一定数量的卡片式账页存放于专设的卡片箱中，可以根据需要随时增添账页的账簿。在我国，一般只对固定资产的核算采用卡片账形式，也有少数企业在材料核算中使用材料卡片。

第二节　会计账簿的启用与登记要求

一、会计账簿的启用

账簿是重要的会计档案。为了确保账簿记录的合法性和完整性，明确记账责任，在启用会计账簿时，应当在账簿封面上写明单位名称、账簿名称，并在账簿扉页上附启用表。表内详细载明单位名称、账簿名称、账簿编号、账簿页数、启用日期、记账人员和会计主管人员姓名，并加盖有关人员的签章和单位公章。更换记账人员时，应办理交接手续，在交接记录表内填写交接日期和交接人员姓名并签章。

启用订本式账簿应当从第一页到最后一页顺序编定页数，不得跳页、缺号。使用活页式账簿应当按账户顺序编号，并须定期装订成册，装订后再按实际使用的账页顺序编定页码，另加目录以便于记明每个账户的名称和页次。

二、会计账簿的登记要求

为了保证账簿记录的正确性，必须根据审核无误的会计凭证登记会计账簿，并符合有关法律、行政法规和国家统一的会计准则制度的规定，主要有9个方面。

1. 准确完整

会计账簿应当根据审核无误的会计凭证进行登记。登记会计账簿时，应当将会计凭证日期、编号、业务内容摘要、金额和其他有关资料逐项记入账内，做到数字准确、摘要清楚、登记及时、字迹工整。每一项会计事项，一方面要记入有关的总账，另一方面要记入该总账所属的明细账。账簿记录中的日期，应该填写记账凭证上的日期。

2. 注明记账符号

登记完毕后，要在记账凭证上签名或者盖章，并在记账凭证的“过账”栏内注明账簿页数或画对勾，注明已经登账的符号，表示已经记账完毕，避免重记、漏记。

3. 书写留空

账簿中书写的文字和数字上面要留有适当的空格，不要写满格，一般应占格距的1/2。这样，在发生登记错误时，能比较容易地进行更正，同时也方便查账工作。

4. 正常记账使用蓝黑墨水

为了保证账簿记录的持久性，防止涂改，登记账簿必须使用蓝色墨水或碳素墨水书写，不得使用圆珠笔（银行的复写账簿除外）或者铅笔书写。

5. 特殊记账使用红墨水

在下列情况下，可以用红色墨水记账。

（1）按照红字冲账的记账凭证，冲销错误记录。

（2）在不设借贷等栏的多栏式账页中，登记减少数。

（3）在三栏式账簿的余额栏前，如未印明余额方向的，在余额栏内登记负数余额。

（4）根据国家统一的会计制度的规定可以用红字登记的其他会计记录。

由于会计中的红字表示负数，因而除上述情况外，不得用红色墨水登记账簿。

6. 顺序连续登记

在登记各种账簿时，应按页次顺序连续登记，不得隔页、跳行。如无意发生隔页、跳行现象，应在空页、空行处用红色墨水画对角线注销，或者注明“此页空白”或“此行空白”字样，并由记账人员签名或者签章。

7. 结出余额

凡需要结出余额的账户，结出余额后，应当在“借或贷”栏目内注明“借”或“贷”字样，以示余额的方向；对于没有余额的账户，应在“借或贷”栏内写“平”字，并在“余额”栏用“0”表示。库存现金日记账和银行存款日记账必须逐日结出余额。

8. 过次承前

每一账页登记完毕结转下页时，应当结出本页合计数及余额，写在本页最后行和下页第一行有关栏内，并在摘要栏内注明“过次页”和“承前页”字样；也可以将本页合计数及余额只写在下页第一行有关栏内，并在摘要栏内注明“承前页”字样，以保持账簿记录的连续性，便于对账和结账。

对需要结计本月发生额的账户，结计“过次页”的本页合计数应当为自本月初起至本页末止的发生额合计数；对需要结计本年累计发生额的账户，结计“过次页”的本页合计数应当为自本年初起至本页末止的累计数；对既不需要结计本月发生额也不需要结计本年累计发生额的账户，可以只将每页末的金额结转次页。

9. 不得涂改、刮擦、挖补

登记账簿不得涂改、刮擦、挖补，账簿登记错误应当按照规定的方式进行更正。

第三节 会计账簿的格式与登记方法

一、日记账的格式与登记方法

日记账是按照经济业务发生或完成的时间先后顺序逐日、逐笔进行登记的账簿。设置日记账的目的是使经济业务的时间顺序清晰地反映在账簿记录中。日记账按其所核算和监督经济业务的范围，可分为特种日记账和普通日记账。在我国，大多数企业一般只设库存现金日记账和银行存款日记账。

普通日记账是两栏式日记账，是序时、逐笔登记各项经济业务的账簿，它核算和监督全部经济业务的发生和完成情况，其格式如表 7－2 所示。

表 7－2 普通日记账

月	日	字	号	摘要	会计科目		借方金额	贷方金额	过账
					总账科目	明细科目			

特种日记账是用来核算和监督某一类型经济业务的发生和完成情况的账簿。各单位一般应设置特种日记账，常见的特种日记账有库存现金日记账、银行存款日记账和转账日记账。这里只介绍库存现金日记账和银行存款日记账的格式和登记方法。

（一）库存现金日记账的格式与登记方法

1. 库存现金日记账的格式

库存现金日记账是用来核算和监督库存现金日常收付和结存情况的序时账簿。库存现金日记账的格式主要有三栏式和多栏式两种，库存现金日记账必须使用订本账。

（1）三栏式库存现金日记账。三栏式库存现金日记账是用来登记库存现金的增减变动及其结果的日记账。设借方、贷方和余额三个金额栏目，一般将其分别称为收入、支出和结存三个基本栏目。

三栏式库存现金日记账是由出纳人员根据库存现金收款凭证、库存现金付款凭证以及从银行提取现金的银行存款付款凭证，按照库存现金收付款业务和银行存款付款业务发生时间的先后顺序逐日、逐笔登记，格式如图 7－1 所示。

现　金　日　记　账

本账页次	
本户页次	

年		凭证		对方科目	摘　要	借方（收入）	✓	贷方（付出）	✓	借或贷	余额	✓
月	日	字	号			亿千百十万千百十元角分		亿千百十万千百十元角分			亿千百十万千百十元角分	

图7－1　库存现金日记账（三栏式）

（2）多栏式库存现金日记账。多栏式库存现金日记账是在三栏式库存现金日记账基础上发展起来的。这种日记账的借方（收入）和贷方（支出）金额栏都按对方科目设专栏，也就是按收入的来源和支出的用途设专栏。这种格式在月末结账时，可以结出各收入来源专栏和支出用途专栏的合计数，便于对现金收支的合理性、合法性进行审核分析，便于检查财务收支计划的执行情况，其全月发生额还可以作为登记总账的依据。

2. 库存现金日记账的登记方法

库存现金日记账由出纳人员根据同现金收付有关的记账凭证，按时间顺序逐日、逐笔进行登记，并根据“上日余额＋本日收入－本日支出＝本日余额”的公式，逐日结出现金余额，与库存现金实存数核对，以检查每日现金收付是否有误。

三栏式现金日记账的具体登记方法如下。

(1) 日期栏。指记账凭证的日期，应与现金实际收付日期一致。

(2) 凭证栏。指登记入账的收付款凭证的种类和编号，如“现金收（付）款凭证”，简写为“现收（付）”；“银行存款收（付）款凭证”，简写为“银收（付）”。凭证栏还应登记凭证的编号数，以便于查账和核对。

(3) 摘要栏。简要说明登记入账的经济业务的内容。文字要简练且能说明问题。

(4) 对方科目栏。指现金收入的来源科目或支出的用途科目。如从银行提取现金，其来源科目（即对方科目）为“银行存款”，其作用在于了解经济业务的来龙去脉。

(5) 收入、支出栏。指现金实际收付的金额。每日终了，应分别计算现金收入和付出的合计数，结出余额，同时将余额与出纳员的库存现金核对，即通常说的“日清”。如账款不符，应查明原因，并记录备案。月终同样要计算现金收付和结存的合计数，通常称为“月结”。

在实际工作中，如果要设多栏式现金日记账，一般常把现金收入业务和支出业务分设现金收入日记账和现金支出日记账。其中，现金收入日记账按对应的贷方科目设置专栏，另设“支出合计”栏和“余额”栏；现金支出日记账则只按支出的对方科目设专栏，不设“收入合计”栏和“余额”栏。“现金收入日记账”和“现金支出日记账”的格式分别如图 7－2、图 7－3 所示。

现金收入日记账　　第　页

年		收款凭证号		摘要	贷方科目			收入合计	支出合计	余额
月	日	字	号		银行存款	其他应收款	营业外收入			

图 7－2　现金收入日记账

现金支出日记账　　第　页

年		付款凭证号		摘要	借方科目			支出合计
月	日	字	号		其他应收款	管理费用		

图 7－3　现金支出日记账

借贷方分设的多栏式现金日记账的登记方法有以下两方面。

①先根据有关现金收入业务的记账凭证登记现金收入日记账，根据有关现金支出业务的记账凭证登记现金支出日记账。

②每日营业终了，根据现金支出日记账结计的支出合计数，一笔转入现金收入日记账的“支出合计”栏中，并结出当日余额。

（二）银行存款日记账的格式与登记方法

银行存款日记账是用来核算和监督银行存款每日的收入、支出和结余情况的账簿。银行存款日记账应按企业在银行开立的账户和币种分别设置，每个银行账户设置一本日记账。由出纳员根据与银行存款收付业务有关的记账凭证，按时间先后顺序逐日、逐笔进行登记。根据银行存款收款凭证和有关的库存现金存入银行的付款凭证登记银行存款收入栏，根据银行存款付款凭证登记其支出栏，每日结出银行存款余额。

1. 银行存款日记账的格式

银行存款日记账的格式与现金日记账相同，既可以采用三栏式，也可以采用多栏式。多栏式可以将收入和支出的核算集中在一本账上进行，也可以分设“银行存款收入日记账”和“银行存款支出日记账”。银行存款日记账（三栏式）的具体格式如图7－4所示。

银行存款日记账　　147

年		凭证		支票		对方科目	摘要	借方												✓	贷方												✓	余额												✓
月	日	字	号	种类	号码			十	亿	千	百	十	万	千	百	十	元	角	分		十	亿	千	百	十	万	千	百	十	元	角	分		十	亿	千	百	十	万	千	百	十	元	角	分	

图7－4　银行日记账（三栏式）

2. 银行存款日记账的登记方法

银行存款日记账的登记方法也与现金日记账的登记方法基本相同。其登记方法如下。

（1）日期栏：指记账凭证的日期。

（2）凭证栏：指登记入账的收付款凭证的种类和编号（与现金日记账的登记方法一致）。

（3）对方科目栏：指银行存款收入的来源科目或支出的用途科目。如开出支票一张支付购料款，其支出的用途科目（即对方科目）为“材料采购”科目，其作用在于了解经济业务的来龙去脉。

（4）摘要栏：简要说明登记入账的经济业务的内容。文字要简练，但能概括说明问题。

（5）现金支票号数和转账支票号数栏：如果所记录的经济业务是以支票付款结算的，应在这两栏内填写相应的支票号数，以便与开户银行对账。

（6）收入、支出栏：指银行实际收付的金额。每日终了，应分别计算银行存款的收入和支出的合计数，结算出余额，做到日清；月终应计算出银行存款全月收入、支出的合计数，做到月结。

二、总分类账的格式与登记方法

（一）总分类账的格式

总分类账是指按照总分类账户分类登记以提供总括会计信息的账簿。总账中的账页是按总账科目（一级科目）开设的总分类账户。应用总分类账，可以全面、系统、综合地反映企业所有的经济活动情况和财务收支情况，可以为编制会计报表提供所需的资料。因此，每一企业都应设置总分类账。

总分类账最常用的格式为三栏式，设有借方、贷方和余额三个金额栏目。格式如图7－5所示。

总　　账

总页码	
本户页次	

会计科目名称及编号……………………

年		凭证编号	摘　要	借　方	贷　方	借或贷	余　额
月	日			十亿千百十万千百十元角分	十亿千百十万千百十元角分		十亿千百十万千百十元角分

图7－5　总分类账户（三栏式）

（二）总分类账的登记方法

总分类账的登记方法因登记的依据不同而有所不同。经济业务少的小型单位的总分类账可以根据记账凭证逐笔登记；经济业务多的大中型单位的总分类账可以根据记账凭证汇总表（科目汇总表）或汇总记账凭证等定期登记。

三、明细分类账的格式与登记方法

明细分类账是根据有关明细分类账户设置并登记的账簿。它能提供交易或事项比较详细、具体的核算资料，以补充总账所缺少的核算资料。因此，各企业单位在设置总账的同时，还应设置必要的明细账。明细分类账一般采用活页式账簿、卡片式账簿。明细分类账一般根据记账凭证和相应的原始凭证来登记。明细分类账是总分类账的明细记录，它是依据总分类账的核算内容，按照更加详细的分类，反映某一具体类别经济活动的财务收支情况。它对总分类账起补充说明的作用，它所提供的资料也是编制会计报表的重要依据。

（一）明细分类账的格式

根据各种明细分类账所记录经济业务的特点，明细分类账的常用格式主要有以下四种。

1. 三栏式

三栏式账页设有借方、贷方和余额三个栏目，用以分类核算各项经济业务，提供详细核算资料，其格式与三栏式总账格式相同。三栏式明细账适用于只进行金额核算的账户，如应收账款、应付账款、应交税费等往来结算账户。应付账款明细分类账的格式如图 7－6 所示。

应付账款明细分类账

页次__________ 子目名称 A公司

科目__________ 细目名称__________

年		凭证		摘要	借（收入）方	√	贷（付出）方	√	借或贷	余额	√
月	日	字	号		亿千百十万千百十元角分		亿千百十万千百十元角分			亿千百十万千百十元角分	

财会主管　复核　记账

图 7－6　应付账款明细分类账

2. 多栏式

多栏式账页将属于同一个总账科目的各个明细科目合并在一张账页上进行登记，即在账页的借方或贷方金额栏内按照明细项目设若干专栏。这种格式适用于收入、成本、费用类科目的明细核算。

在实际工作中，成本费用类科目的明细账，可以只按借方发生额设置专栏，贷方发生额由于每月发生的笔数很少，可以在借方直接用红字冲销。这类明细账也可以在借方设专栏的情况下，贷方设总的金额栏，再设余额栏。这两种多栏式明细账的格式如图 7－7 和图 7－8 所示。

管理费用明细分类账

年		凭证		摘要	合计	借方					
						福利费	办公费	差旅费	……		
月	日	字	号		亿千百十万千百十元角分	千百十万千百十元角分	千百十万千百十元角分	千百十万千百十元角分	千百十万千百十元角分	千百十万千百十元角分	千百十万千百十元角分

图 7－7　管理费用明细分类账（1）

管理费用明细分类账

年		凭证		摘要	合计	借方					贷方	金额
						福利费	办公费	差旅费	……			
月	日	字	号		亿千百十万千百十元角分	千百十万千百十元角分	千百十万千百十元角分	千百十万千百十元角分	千百十万千百十元角分	千百十万千百十元角分	千百十万千百十元角分	千百十万千百十元角分

图 7－8　管理费用明细分类账（2）

3. 数量金额式

数量金额式账页适用于既要进行金额核算又要进行数量核算的账户，如原材料、库存商品等存货账户，其借方（收入）、贷方（发出）和余额（结存）都分别设有数量、单价和金额三个专栏。原材料明细分类账格式如图 7－9 所示。

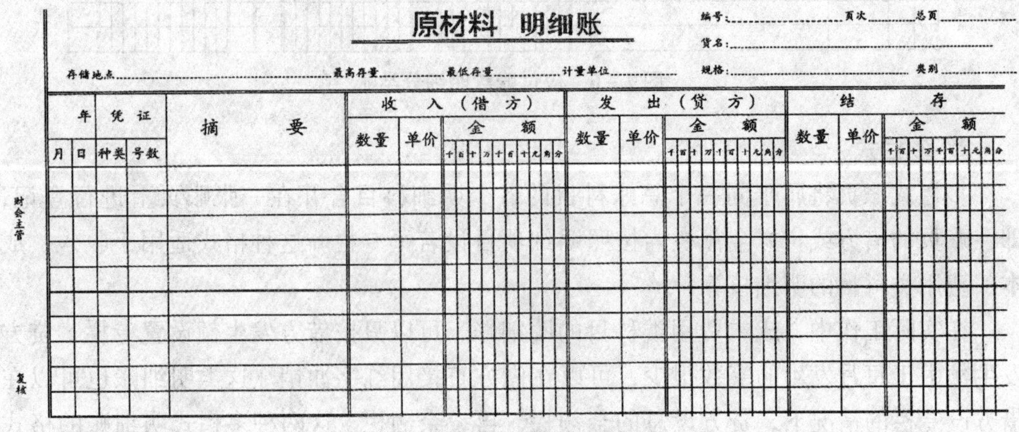

原材料　明细账

编号：＿＿＿＿ 页次＿＿＿＿ 总页＿＿＿＿

货名：＿＿＿＿

存储地点＿＿＿＿ 最高存量＿＿＿＿ 最低存量＿＿＿＿ 计量单位＿＿＿＿ 规格：＿＿＿＿ 类别＿＿＿＿

年		凭证		摘要	收入（借方）			发出（贷方）			结存		
月	日	种类	号数		数量	单价	金额 千百十万千百十元角分	数量	单价	金额 千百十万千百十元角分	数量	单价	金额 千百十万千百十元角分

财会主管

复核

图 7－9　原材料明细分类账

数量金额式账页提供了企业有关财产物资数量和金额收、发、存的详细资料，从而能加强财产物资的实物管理和使用监督，保证这些财产物资的安全完整。

4. 横线登记式

横线登记式账页也称为平行式账页，其特点是采用横线登记，即将每一相关的业务登记在一行，从而可依据每一行各个栏目的登记是否齐全来判断该项业务的进展情况。一张账页设一个账户，账户分左右两边，左边设时间、凭证、摘要、借方金额栏，右边栏设时间、凭证、摘要、贷方金额栏。这种格式适用于登记材料采购、在途物资、应收票据和一次性备用金业务。

（二）明细分类账的登记方法

明细分类账的登记通常有三种方法：一是根据原始凭证直接登记明细分类账；二是根据汇总原始凭证登记明细分类账；三是根据记账凭证登记明细分类账。

不同类型经济业务的明细分类账，可根据管理需要，依据记账凭证、原始凭证或汇总原始凭证逐日、逐笔或定期汇总登记。

（1）固定资产、债权、债务等明细账应逐日、逐笔登记。

（2）原材料、库存商品收发明细账以及收入、费用明细账可以逐笔登记，也可定期汇总登记。

四、总分类账户与明细分类账户的平行登记

（一）总分类账户与明细分类账户的关系

总分类账户是所属明细分类账户的统驭账户，对所属明细分类账户起着控制作用；明细分类账户则是总分类账户的从属账户，对其所隶属的总分类账户起着辅助作用。总分类账户及其所属明细分类账户的核算对象是相同的，它们所提供的核算资料互相补充，只有把两者结合起来，才能既总括又详细地反映同一核算内容。因此，总分类账户和明细分类账户必须平行登记。

1. 总分类账户与明细分类账户之间的内在联系

总分类账户与明细分类账户的内在联系主要表现在以下两个方面。

（1）两者所反映的经济业务的内容相同。如“原材料”总账与所属的“主要材料”等明细账都是用以反映原材料的收发及结存业务的。

（2）登记账簿的原始依据相同。登记总分类账户与登记其所属的明细分类账户的原始凭证是相同的。

2. 总分类账户与明细分类账户的区别

总分类账户与明细分类账户的区别主要表现在以下两个方面。

（1）反映经济业务内容的详细程度不同。总分类账户反映资金增减变化的总

括情况，提供总括指标；明细分类账户反映资金运动的详细情况，提供明细指标。如“原材料”总分类账户只反映和提供企业库存原材料的总金额；而在“原材料”总账下开设的“角钢”明细账则反映角钢的收发结存的金额及数量等具体情况。

（2）作用不同。总账提供的经济指标，是明细账资料的综合，对所属明细账起着统驭作用；明细账是对有关总账的补充，起着详细说明的作用。

因此，在会计核算中，为了便于进行账户记录的核对，保证核算资料的完整性和正确性，必须采用平行登记的方法登记总分类账及其所属的明细分类账。

（二）总分类账户与明细分类账户平行登记的要点

平行登记是指对所发生的每项经济业务都要以会计凭证为依据，一方面记入有关的总分类账户，另一方面记入所属明细分类账户的方法。

总分类账户与明细分类账户平行登记的要点有以下 3 点。

1. 方向相同

总分类账及其所属明细分类账登记的方向必须一致，即如果在总分类账中登记借方，则在其所属明细账中也应登记在借方；如果在总分类账中登记贷方，则在其所属明细账中也应登记在贷方。

2. 期间一致

对于每一项经济业务，应根据审核无误后的同一凭证，在同一期间内，一方面记入相关的总分类账户，另一方面记入同期该总分类账所属的有关各明细分类账户。

3. 金额相等

对每一项经济业务，记入总分类账户的金额与记入其所属明细分类账的金额必须相等。如果同时涉及几个明细分类账户，则记入总分类账的金额与其所属的几个明细分类账的金额之和应当相等。总分类账和明细分类账平行登记之后可产生以下数量关系：

总分类账户本期发生额 = 所属明细分类账户本期发生额合计数

总分类账户期末余额 = 所属明细分类账户期末余额合计数

在会计核算过程中，通常利用这种数量相等关系来检查总分类账和明细分类账记录的完整性和正确性。

【例 7－1】钦州鸿达公司2018年 8 月 1 日“原材料”和“应付账款”两个总分类账户及其所属明细分类账户的有关资料如下所示。

“原材料”总分类账户有借方金额40 000元，其所属明细分类账户如表 7－3 所示。

表 7－3　　鸿达公司2018年8月1日原材料明细分类账户

名称	重量（千克）	单价（元）	金额（元）
甲材料	400	60	24 000
乙材料	200	80	16 000
合计	600		40 000

“应付账款”总分类账户有贷方余额32 000元，其所属明细分类账户如表 7－4 所示。

表 7－4　　鸿达公司2018年8月1日应付账款明细分类账户

名称	金额（元）
A 公司	20 000
B 公司	12 000
合计	32 000

该公司 8 月发生下列经济业务。

（1）8 月 2 日，向 A 公司购入甲材料 400 千克，单价 60 元，价款24 000元；乙材料 400 千克，单价 80 元，价款32 000元。材料已验收入库，货款尚未支付。编制会计分录如下：

借：原材料——甲材料　　24 000
　　　　　——乙材料　　32 000
　贷：应付账款——A 公司　　56 000

（2）8 月 6 日，车间从仓库领用原材料一批，其中甲材料 600 千克，单价 60 元，计36 000元，乙材料 300 千克，单价 80 元，计24 000元。编制会计分录如下：

借：生产成本　　60 000
　贷：原材料——甲材料　　36 000
　　　　　　——乙材料　　24 000

（3）8 月 12 日，向 B 公司购入材料一批，其中甲材料 200 千克，单价 60 元，价款12 000元，乙材料 400 千克，单价 80 元，价款32 000元。材料已验收入库，货款尚未支付。编制会计分录如下：

借：原材料——甲材料　　12 000
　　　　　——乙材料　　32 000
　贷：应付账款——B 公司　　44 000

（4）8 月 20 日，以银行存款偿还欠 A 公司的货款40 000元，偿还欠 B 公司的货款48 000元。编制会计分录如下：

借：应付账款——A 公司　　40 000

——B 公司　　　　　　　　　　　　　48 000

贷：银行存款　　　　　　　　　　　　　　　88 000

根据上述资料，在“原材料”和“应付账款”的总分类账户及其所属的明细分类账户中进行平行登记，有关步骤如下：首先，将月初余额分别记入“原材料”和“应付账款”总分类账户及其所属的明细分类账户中，在“原材料”明细分类账户中，还需要登记各种材料的数量和单价。然后，根据经济业务发生的先后次序和编制的会计分录，依次在“原材料”和“应付账款”两个总分类账户和其所属的明细分类账户中进行平行登记，并计算出各账户的本期发生额和期末余额。有关“原材料”和“应付账款”总分类账户和其所属明细分类账户的登记结果如图 7－10 至图7－15所示。

总　　账

总页码　　本户页次

会计科目名称及编号　原材料

2018年 月	日	凭证编号	摘要	借方	贷方	借或贷	余额
8	1		月初金额			借	400000
8	2	(1)	购入	5600000		借	960000
8	6	(2)	生产领用		600000	借	360000
8	12	(3)	购入	4400000		借	800000
8	31		本月合计	10000000	600000	借	800000

图 7－10　原材料总账

原材料明细账

编号：　　页次　　总页

货名：甲材料

存储地点　　最高存量　　最低存量　　计量单位　千克　　规格：　　类别

财会主管

2018年 月	日	凭证 种类	号数	摘要	收入（借方）数量	单价	金额	发出（贷方）数量	单价	金额	结存 数量	单价	金额
8	1			月初余额							400	60	2400000
8	2		(1)	购入	400	60	2400000				800	60	4800000
8	6		(2)	生产领用				600	60	3600000	200	60	1200000
8	12		(3)	购入	200	60	1200000				400	60	2400000
8	31			本月合计	600		3600000	600		3600000	400	60	2400000

图 7－11　甲材料明细账

原材料明细账

编号：　　页次　　总页

货名：乙材料

存储地点　　最高存量　　最低存量　　计量单位　千克　　规格：　　类别

财会主管

2018年 月	日	凭证 种类	号数	摘要	收入（借方）数量	单价	金额	发出（贷方）数量	单价	金额	结存 数量	单价	金额
8	1			月初余额							200	80	1600000
8	2		(1)	购入	400	80	3200000				600	80	4800000
8	6		(2)	生产领用				300	80	2400000	300	80	2400000
8	12		(3)	购入	400	80	3200000				700	80	5600000
8	31			本月合计	800		6400000	300		2400000	700	80	5600000

图 7－12　乙材料明细账

总　账

总页码	
本户页次	

会计科目名称及编号　应付账款

2018年 月	日	凭证编号	摘要	借方	贷方	借或贷	余额
8	1		月初余额			贷	3200000
	2	(1)	购入材料		5600000	贷	8800000
	12	(3)	购入材料		4400000	贷	13200000
	20	(4)	偿还货款	8800000		贷	4400000
8	31		本月合计	8800000	10000000	贷	4400000

图 7－13　应付账款总账

应付账款 明细分类账

页次＿＿＿＿＿＿　子目名称＿＿＿＿＿＿

科目 应付账款　细目名称 A公司

财会主管

2018年 月	日	凭证字号	摘要	借（收入）方	√	贷（付出）方	√	借或贷	余额	√
8	1		月初余额					贷	2000000	
	2	(1)	购入材料			5600000		贷	7600000	
	20	(4)	偿还货款	4000000				贷	3600000	
8	31		本月合计	4000000		5600000		贷	3600000	

图 7－14　A 公司应付账款明细分类账

应付账款 明细分类账

页次＿＿＿＿＿＿　子目名称＿＿＿＿＿＿

科目 应付账款　细目名称 B公司

财会管理

2018年 月	日	凭证字号	摘要	借（收入）方	√	贷（付出）方	√	借或贷	余额	√
8	1		月初余额					贷	1200000	
	12	(3)	购入材料			4400000		贷	5600000	
	20	(4)	偿还货款	4800000				贷	800000	
8	31		本月合计	4800000		4400000		贷	800000	

图 7－15　B 公司应付账款明细分类账

从上述总分类账户和其所属的明细分类账户记录可以看出，在平行登记下，“原材料”和“应付账款”总分类账户的期初余额、本期借方发生额、本期贷方发生额以及期末余额，都分别与其所属的明细分类账户的期初余额之和、本期借方发生额之和、本期贷方发生额之和以及期末余额之和相等。这样，总分类账户对明细分类账户的统驭作用，明细分类账户对总分类账户的补充作用一目了然。

因总分类账户与其所属明细分类账户的本期发生额及余额的必然相等关系，在期末可以对总分类账户和其所属的明细分类账户进行核对和检查，以便发现和纠正错误。通常这种核对是通过编制总分类账户与明细分类账户发生额及余额对照表进行的，其格式和内容如表 7－5 所示，该表列示了【例 7－1】中“原材料”和“应付账款”两个总分类账户与其所属明细分类账户的对照情况。

表 7－5 总分类账户与明细分类账户发生额及余额对照表

2018年 8 月 单位：元

会计科目	期初余额		本期发生额		期末余额	
	借方	贷方	借方	贷方	借方	贷方
原材料	40 000		100 000	60 000	80 000	
甲材料	24 000		36 000	36 000	24 000	
乙材料	16 000		64 000	24 000	56 000	
应付账款		32 000	88 000	100 000		44 000
A 公司		20 000	40 000	56 000		36 000
B 公司		12 000	48 000	44 000		8 000

从表 7－5 可以看出，“原材料”总分类账户的期初余额40 000元，等于明细分类账户“甲材料”的期初余额24 000元加上“乙材料”的期初余额16 000元；本期借方发生额100 000元，等于“甲材料”借方发生额36 000元加上“乙材料”借方发生额64 000元；本期贷方发生额60 000元，也等于“甲材料”的贷发生额36 000元与“乙材料”的贷方发生额24 000元之和；期末余额80 000元，等于“甲材料”期末余额24 000元与“乙材料”期末余额56 000元之和。同样，“应付账款”总分类账户与其所属明细分类账户的期初余额、本期借方、贷方发生额和期末余额之和也分别相等。通过这样的相互核对，我们可以确定上述账户登记是正确的。

第四节　对账与结账

一、对账

（一）对账的概念

对账就是核对账目，是对账簿记录所进行的核对工作。通过对账，应当做到账证相符、账账相符、账实相符。

在日常会计工作中，在填制凭证、记账、过账、算账、结账的过程中，难免会发生差错，出现账款、账物不符的情况。因而，在结账前，要通过对账，将有关账簿记录进行核对，确保会计核算资料的正确性和完整性，为编制会计报表提供真实可靠的数据资料。

（二）对账的内容

对账一般可以分为账证核对、账账核对和账实核对。

1. 账证核对

账簿是根据经过审核之后的会计凭证登记的，但实际工作中仍有可能发生账证不符的情况，记账后，应将账簿记录与会计凭证核对，核对账簿记录与原始凭证、记账凭证的时间、凭证字号、内容、金额等是否一致，记账方向是否相符，做到账证相符。一般来说，日记账应与收付款凭证相核对，总账应与记账凭证相核对，明细账应与记账凭证或原始凭证相核对。通常这些核对工作是在日常制证和记账工作中进行的。

会计期末，如果发现账证不符，也可以再将账簿记录与有关会计凭证进行核对，以保证账证相符。

2. 账账核对

账账核对是指核对不同会计账簿之间的账簿记录是否相符。为了保证账账相符，必须将各种账簿之间的有关数据相核对。具体核对的内容包括4方面。

（1）总分类账簿之间的核对。资产类账户的余额应等于权益类账户的余额，或总账账户的借方期末余额合计数应与贷方期末余额合计数核对相符。

（2）总分类账簿与所属明细分类账簿之间的核对。总账账户的期末余额应与所属明细分类账账户期末余额之和核对相符。

（3）总分类账簿与序时账簿之间的核对。如前所述，序时账簿包括特种日记账和普通日记账，而我国企事业单位必须设置的特种日记账是现金日记账和银行存款日记账。这两类业务同时还必须设置总分类账。现金日记账和银行存款日记账期末余额应分别同有关总分类账户的期末余额核对相符。

（4）明细分类账簿之间的核对。会计部门各种财产物资明细分类账的期末余额应与财产物资保管或使用部门有关明细账的期末余额核对相符。

3. 账实核对

账实核对是指各项财产物资、债权债务等账面余额与实有数额之间的核对。为了保证账实相符，应将各种账簿记录与有关财产物资的实有数相核对。具体核对内容包括4方面。

（1）库存现金日记账账面余额与库存现金实际库存数逐日核对是否相符。

（2）银行存款日记账账面余额与银行对账单的余额定期核对是否相符。

（3）各项财产物资明细账账面余额与财产物资的实有数额定期核对是否相符。

（4）有关债权债务明细账账面余额与对方单位的账面记录核对是否相符。各种应收、应付、应交款明细账的期末余额应与债权债务单位的账目核对相符；与上下级单位、财政和税务部门的拨缴款项也应定期核对无误。

二、结账

（一）结账的概念

结账是一项将账簿记录定期结算清楚的账务工作。在一定时期结束时（如月末、季末或年末)，为了编制财务报表，需要进行结账，具体包括月结、季结和年结。

结账工作是建立在会计分期前提下的，由于企业的经济活动是不断进行的，所以会计记录也是连续不断地进行，为了了解某一会计期间（月份、季度、年度）的经济活动情况，考核经营成果，在每一会计期间终了时，必须进行结账，它是一项对账簿记录定期结算、了结账务的工作。同时，结账工作也是编制会计报表的先决条件，做好结账工作，十分重要。

结账的内容通常包括两个方面：一是结清各种损益类账户，并据以计算、确定本期利润；二是结出各资产、负债和所有者权益账户本期发生额合计和期末余额。

（二）结账的程序

（1）结账前，将本期发生的经济业务全部登记入账，并保证其正确性。对于发现的错误，应采用适当的方法进行更正。为了保证报表的真实性，必须正确划分会计期间，因此在结账前应将全部经济业务事项登记入账，不得为了赶编会计报表而提前结账，把本期发生的经济业务延至下期登账，也不得先编制会计报表后结账。

（2）在本期经济业务全面入账的基础上，根据权责发生制的要求，调整有关账项，合理确定应计入本期的收入和费用。例如，各项待摊费用应按规定摊销分别记入本期有关科目；预提费用应按规定标准预先提取并分别记入本期有关科目；属于本期的应收收益应确认记入本期收入等。

（3）将各损益类账户余额全部转入“本年利润”账户，结平所有损益类账户。在本期全部业务登记入账的基础上，结清各项收入和费用账户，计算确定本期的成本、利润或亏损，把经营成果在账上反映出来。例如，通过本期的各项收入（如主营业务收入、其他业务收入、营业外收入、投资收益等）和各项费用（如主营业务成本、销售费用、税金及附加、其他业务成本、管理费用、财务费用、所得税费用、营业外支出等）计算确定的本期经营成果，由各项收入账户和各项费用账户分别结转入“本年利润”账户等。

（4）结出资产、负债和所有者权益账户的本期发生额和余额，并转入下期。

上述工作完成后，就可以根据总分类账和明细分类账的本期发生额和期末余额，分别进行试算平衡。

（三）结账的方法

结账方法的要点有以下几点。

（1）对不需按月结计本期发生额的账户，每次记账以后，都要随时结出余额，每月最后一笔余额是月末余额，即月末余额就是本月最后一笔经济业务记录的同一行内的余额。月末结账时，只需要在最后一笔经济业务记录之下通栏画单红线，不需要再次结计余额。

（2）库存现金、银行存款日记账和需要按月结计发生额的收入、费用等明细账，每月结账时，要在最后一笔经济业务记录下面通栏画单红线，结出本月发生额和余额，在摘要栏内注明“本月合计”字样，并在下面通栏画单红线。

（3）对于需要结计本年累计发生额的明细账户，每月结账时，应在“本月合计”行下结出自年初起至本月末止的累计发生额，登记在月份发生额下面，在摘要栏内注明“本年累计”字样，并在下面通栏画单红线。12 月末的“本年累计”就是全年累计发生额，全年累计发生额下通栏画双红线。

（4）总账账户平时只需结出月末余额。年终结账时，为了总括地反映全年各项资金运动情况的全貌，核对账目，要将所有总账账户结出全年发生额和年末余额，在摘要栏内注明“本年合计”字样，并在合计数下通栏画双红线。

（5）年度终了结账时，有余额的账户，应将其余额结转下年，并在摘要栏注明“结转下年”字样；在下一会计年度新建有关账户的第一行余额栏内填写上年结转的余额，并在摘要栏注明“上年结转”字样，使年末的余额如实地在账户中加以反映，以免混淆有余额的账户和无余额的账户。

第五节　错账查找与更正的方法

一、错账查找方法

一项经济业务因填制会计凭证不正确或填制的凭证是正确的但过账有失误，从而使账簿记录发生错误，此即为错账。错账将影响会计信息的准确性，应及时查明原因并用规定的方法更正。任何影响借贷不相等的错账，都会表现为期末试算平衡中存在借贷差额。通过试算平衡发现的错账金额，必须确定产生错账的具体凭证、账户及错误类型，以便采取对应方法更正。查找错账的凭证、账户一般方法有 4 种。

1. 差数法

差数法是指按照错账的差数查找错账的方法，即按照试算平衡中出现的借贷差额查找有相同金额的凭证。试算平衡中借贷方发生额不相等，可能是由于某笔分录漏记借方或贷方的金额造成的。因此，先按借贷方差数查找有相同金额的记账凭证，核定是否有漏记的情况。

2. 尾数法

尾数法是指对于发生的差错只查找末位数，以提高查错效率的方法。这种方法适用于借贷方金额其他位数都一致，而只有末位数出现差错的情况。尾数法可缩小查找范围，提高查错效率。

3. 除 2 法

除 2 法是指以差数除以 2 来查找错账的方法。当某个借方金额错记入贷方（或相反）时，出现错账的差数表现为错误的 2 倍，将此差数用 2 去除，得出的商即是反向的金额。如果某笔分录的金额与其商数相同，应核对该分录是否某一方记反方向。

4. 除 9 法

除 9 法是指以差数除以 9 来查找错账的方法，按照试算平衡借贷相差数除以 9，以其商或商的调整值查找引起错账的凭证和账户。该方法适用于以下 3 种情况。

（1）将数字写小。即一笔分录登账时一方金额被缩小（如 700 记为 70），则借贷差数是账户错登金额的 9 倍，将差数除以 9，与其商相同金额的某账户的记录数可能是错登数。如 700 记为 70，差为 630，除以 9 的商为 70，70 为账户错登数。

（2）将数字写大。即一笔分录登账时一方金额被扩大（如 70 记为 700），则借贷差数是账户错登金额的 9 倍。差数除以 9，与其商相同金额的分录可能是被记错的分录。70 记为 700，借贷差为 630，630 除以 9 等于 70，70 即为错登账的分录金额。将差数除以 9 的商乘以 10，则可从账户记录找到错登数（$630 \div 9 \times 10 = 700$，700 为账户上的错记数）。

（3）邻数颠倒。即一笔分录借方或贷方金额过账时被颠倒数位记入账户，会使借贷方金额发生与“9”相关的差异，通过计算可帮助查找错误源。

二、错账更正方法

（一）画线更正法

在结账前发现账簿记录有文字或数字错误，而记账凭证没有错误，采用画线更正法。更正时，可在错误的文字或数字上画一条红线，在红线的上方填写正确的文字或数字，并由记账及相关人员在更正处盖章。对于错误的数字，应全部画红线更正，不得只更正其中的错误数字。对于文字错误，可只画去错误的部分。

【例 7 - 2】某账簿中，将 238. 50 元误记为 235. 80 元。

更正方法：不能只画去其中的“5. 80”，改为“8. 50”；而是应当把“235. 80”全部用红线画去，并在其上方写上“238. 50”：

238. 50

~~235. 80~~

（二）红字更正法

红字更正法是指用红字冲销原有错误的账户记录或凭证记录，以更正或调整账簿记录的一种方法。其适用于以下两种情形。

（1）记账后发现记账凭证中应借、应贷会计科目错误的记账错误，可以采用红字更正法。更正方法是记账凭证会计科目错误时，用红字填写一张与原记账凭证完全相同的记账凭证，以示注销原记账凭证，然后用蓝字填写一张正确的记账凭证，并据以记账。

【例7－3】钦州鸿达公司以银行存款购买A材料6 000元，材料已验收入库。在填制记账凭证时，误写为贷记“库存现金”科目，并已据以登记入账。会计分录如下：

借：原材料——A材料　　6 000

　贷：库存现金　　6 000

更正时，用红字填制一张与原错误记账凭证内容完全相同的记账凭证，以冲销原错误记录。会计分录如下：

借：原材料——A材料　　[6 000]

　贷：库存现金　　[6 000]

然后，用蓝字填制一张正确的记账凭证。会计分录如下：

借：原材料——A材料　　6 000

　贷：银行存款　　6 000

（2）记账后发现记账凭证和账簿记录中应借、应贷会计科目无误，只是所记金额大于应记金额所引起的记账错误。记账凭证会计科目无误而所记金额大于应记金额时，按多记的金额用红字编制一张与原记账凭证应借、应贷科目完全相同的记账凭证，以冲销多记的金额，并据以记账。

【例7－4】钦州鸿达公司从银行提取现金40 000元备发工资，做下列记账凭证，并已登记入账。

借：库存现金　　60 000

　贷：银行存款　　60 000

发生错误后，应将多记的金额用红字做与上述科目相同的会计分录。会计分录如下：

借：库存现金　　20 000

　贷：银行存款　　20 000

（三）补充登记法

记账后发现记账凭证和账簿记录中应借、应贷会计科目无误，只是所记金额小于应记金额时，采用补充登记法。具体更正方法：按少记的金额用蓝字编制一张与原记账凭证应借、应贷科目完全相同的记账凭证，以补充少记的金额，并据以记账。

如接受外单位投入资金160 000元，已存入银行。在填制记账凭证时，误将其金额写为150 000元，并已登记入账。

借：银行存款　　150 000

　贷：实收资本　　150 000

发现错误后，应将少记的金额用蓝字编制一张与原记账凭证应借、应贷科目完全相同的记账凭证，登记入账。会计分录如下：

借：银行存款　　　　　　　　　　　　10 000

　贷：实收资本　　　　　　　　　　　　10 000

第六节　会计账簿的更换与保管

一、会计账簿的更换

会计账簿的更换通常在新会计年度建账时进行。总账、日记账和多数明细账应每年更换一次，在年度终了时更换新账簿，并将各账户的余额结转到新的年度，即在新年度的会计账簿中的第一行余额栏内填上上年结转的余额，并注明方向，同时在摘要栏内注明“上年结转”字样。

但有些财产物资明细账和债务明细账由于材料品种、规格和往来单位较多，更换新账、重抄一遍的工作量较大，因此可以不必每年度更换一次。对于部分变动较小的明细账，可以连续使用，不必每年更换，如固定资产明细账、备查账簿可以连续使用。

二、会计账簿的保管

年度终了，各种账户在结转下年、建立新账后，一般应将旧账集中统一管理。会计账簿暂由本单位财务会计部门保管 1 年期满后，由本单位财务会计部门编造清册移交本单位的档案部门保管。

在将所有的旧账、活页账对账完毕，并将所有的活页账装订完毕、加上封面并由主管人员签字盖章之后，要及时地将所有的订本账及活页账交由档案人员造册归档。归档时，应编制“会计账簿归档登记表”并明确责任。会计账簿应有一定的保管期限，根据其特点，分为永久和定期两类。就企业会计而言，国家规定会计凭证保管期限为 30 年；固定资产卡片在固定资产清理报废后保存 5 年，辅助性账簿 30 年，年度财务报告永久保管；月度、季度、半年度财务报告保管 10 年；会计档案移交清册保管 30 年，会计档案保管清册及销毁清册永久保存，银行余额调节表与对账单保管 10 年。

各种账簿应当按年度分类归档，编造目录，妥善保管。既保证在需要时迅速查阅，又保证各种账簿的安全和完整。保管期满后，还要按照规定的审批程序经批准后才能销毁。

第八章　财产清查

第一节　财产清查概述

一、财产清查的概念与意义

1. 财产清查的概念

财产清查是指通过对货币资金、实物资产和往来款项等财产物资进行盘点或核对，确定其实存数，查明账存数与实存数是否相符的一种专门方法。

2. 财产清查的意义

企业应当建立健全财产物资清查制度，加强管理，以保证财产物资核算的真实性和完整性。具体而言，财产清查的意义主要有三方面。

（1）保证账实相符，提高会计资料的准确性。通过财产清查，可以查明各项财产物资的实有数量，确定实有数量与账面数量之间的差异，查明原因和责任，以便采取有效措施，消除差异，改进工作，从而保证账实相符，提高会计资料的准确性。

（2）切实保障各项财产物资的安全完整。通过财产清查，可以查明各项财产物资的保管情况是否良好，有无因管理不善，造成霉烂、变质、损失浪费，或者被非法挪用、贪污盗窃的情况，以便采取有效措施，改善管理，切实保障各项财产物资的安全完整。

（3）加速资金周转，提高资金使用效益。通过财产清查，可以查明各项财产物资的库存和使用情况，合理安排生产经营活动，充分利用各项财产物资，加速资金周转，提高资金使用效果。

二、财产清查的分类

（一）按照清查范围分类

按照清查范围不同，财产清查可以分为全面清查和局部清查。

1. 全面清查

全面清查是指对所有的财产进行全面的盘点和核对。全面清查范围大、内容多、时间长、参与人员多，不宜经常进行。需要进行全面清查的情况通常有以下几种。

（1）年终决算之前，为编制会计报表做准备，从而保证会计核算资料的真实性。

（2）单位撤销、合并或改变隶属关系前，以便明确财产的隶属关系。

（3）中外合资、国内合资前。

（4）企业股份制改制前。

（5）开展全面的资产评估、清产核资前。

（6）单位主要领导调离工作前，以明确经济责任。

2. 局部清查

局部清查是指根据需要只对部分财产进行盘点和核对。局部清查范围小、内容少、时间短、参与人员少，但专业性较强。局部清查主要是对货币资金、存货等流动性较大的财产的清查，一般包括下列清查内容。

（1）对于库存现金，应由出纳人员每日清点核对一次，做到日清。

（2）对于银行存款，每月至少同银行核对一次。

（3）对于各项债权债务，每年至少核对一至两次，有问题及时解决。

（4）对于原材料、在产品和库存商品等存货，除全年安排一次全面清查外，平时应根据需要轮流盘点或重点抽查。

（5）对于贵重物品，每月清查一次。

（二）按照清查的时间分类

按照清查的时间不同，财产清查可以分为定期清查和不定期清查。

1. 定期清查

定期清查是指按照预先计划安排的时间对财产进行的盘点和核对。定期清查一般在年末、季末、月末进行。定期清查，可以是全面清查，也可以是局部清查。定期清查的目的是保证会计核算资料的真实性与正确性。

2. 不定期清查

不定期清查是指事前不规定清查日期，而是根据特殊需要临时进行的盘点和核对。不定期清查，可以是全面清查，也可以是局部清查，应根据实际需要来确定清查的对象和范围。一般在发生以下几种情况时进行不定期清查。

（1）更换出纳员时，对库存现金、银行存款进行的清查。

（2）更换财产物资的管理人员时，对其所保管的财产物资进行的清查。

（3）因自然灾害和意外事故致使财产物资受到损失时，对受损的财产进行的清查。

（4）对企业进行临时性清产核资时进行的清查。

（5）有关管理和监督部门，比如上级主管、财政、审计和银行等部门，对企业会计工作进行检查时进行的清查。

企业应当定期将会计账簿记录与实物、款项及有关资料相互核对，保证会计账簿记录与实物及款项的实有数额相符；在编制年度财务报表前，应当全面清查财产、核实债务。

（三）按照清查的执行系统分类

按照清查的执行系统不同，财产清查可以分为内部清查和外部清查。

1. 内部清查

内部清查是指由本单位内部自行组织清查工作小组所进行的财产清查工作。大多数财产清查都是内部清查。

2. 外部清查

外部清查是指由上级主管部门、审计机关、司法部门、注册会计师根据国家有关规定或情况需要对本单位所进行的财产清查。一般来讲，进行外部清查时应有本单位相关人员参加。

三、财产清查的一般程序

财产清查既是会计核算的一种专门方法，又是财产物资管理的一项重要制度。企业必须有计划、有组织地进行财产清查。财产清查一般包括以下程序。

（1）建立财产清查组织。

（2）组织清查人员学习有关政策规定，掌握有关法律法规和相关业务知识，以提高财产清查工作的质量。

（3）确定清查对象、范围，明确清查任务。

（4）制订清查方案，具体安排清查内容、时间、步骤、方法，以及必要的清查前准备。

（5）清查时本着先清查数量及核对有关账簿记录等、后认定质量的原则进行。

（6）填制盘存清单。

（7）根据盘存清单，填制实物、往来账项清查结果报告表。

第二节 财产清查的方法

为了实施财产清查工作，应组成由会计部门牵头的清查小组，制订好清查计划，准备好计量器具和各项登记表格等。会计人员要做好账簿登记工作，做到账账相符、账证相符，财产物资保管部门要做好财产物资的入账工作，整理、排放好各项财产物资，准备接受清查。由于货币资金、实物、往来款项的特点各有不同，在进行财产清查时，应采用与其特点和管理要求相适应的方法。

一、货币资金的清查方法

（一）库存现金的清查

库存现金的清查是采用实地盘点法确定库存现金的实存数，然后与库存现金日记账的账面余额相核对，确定账实是否相符。

库存现金清查应由清查人员会同出纳人员进行定期或不定期清查，清查步骤和方法如下。

（1）盘点之前，出纳人员确认有关业务必须在库存现金日记账中全部登记完毕，结出库存现金日记账的余额。

（2）盘点时，为了明确经济责任，出纳人员必须在场，清查人员应逐张清点出各种面值钞票的张数和硬币的个数。库存现金清查，既要检查账是否属实，又要检查现金管理制度是否符合相关规定，如库存现金有无超过银行规定的限额，是否有白条抵库、挪用舞弊，是否按规定范围使用现金，有无坐支现金的现象等。

（3）盘点后，应填写库存现金盘点报告表（见表8－1），并据以调整库存现金日记账的账面记录。库存现金盘点报告表既有调整账簿记录的作用，又有实存账存对比表的作用，用以分析账实不符的原因，明确经济责任。

表8－1　　库存现金盘点报告表

单位名称　　　　年　月　日　　　　单位：元

实存金额	账存金额	对比结果		备注
		溢余	短缺	

负责人签章：　　　　盘点人签章：　　　　出纳员签章：

（二）银行存款的清查

银行存款的清查是采用与开户银行核对账目的方法进行的，即将本单位银行存款日记账的账簿记录与开户银行转来的对账单逐笔进行核对，来查明银行存款的实有数额。银行存款的清查一般在月末进行。

1. 银行存款日记账与银行对账单不一致的原因

将截止到清查日所有银行存款的收付业务都登记入账后，对发生的错账、漏账应及时查清更正，再与银行的对账单逐笔核对。如果两者余额相符，通常说明没有错误；如果两者余额不相符，则可能有两方面的原因，一是企业或银行一方或双方记账过程有错误，二是存在未达账项。

未达账项是指企业和银行之间，由于记账时间不一致而发生的一方已经入账，另一方尚未入账的事项。未达账项一般分为以下 4 种情况。

（1）企业已收款记账，银行未收款未记账的款项。例如，企业销售产品，收到购货方开出的转账支票，开出销货发票后企业即可做银行存款增加，但此时银行尚未办妥转账手续，因此银行未入账。

（2）企业已付款记账，银行未付款未记账的款项。例如，企业购买原材料，开出转账支票已记银行存款减少，但是收款单位尚未到银行办理转账手续，因此银行未入账。

（3）银行已收款记账，企业未收款未记账的款项。例如，企业委托其他单位代销商品货款，银行已经收到并记银行存款增加，而企业尚未接到有关凭证而未入账。

（4）银行已付款记账，企业未付款未记账的款项。例如，企业应付银行的借款利息，银行已办妥手续，记银行存款减少，但是付款通知尚未到达企业，因此企业未入账。

上述任何一种未达账项的存在，都会使企业银行存款日记账的余额与银行开出的对账单的余额不符。其中在（1）和（4）两种情况下，会使企业账面的余额大于银行对账单的余额；在（2）和（3）两种情况下，又会使企业账面余额小于银行对账单的余额。所以，在与银行对账时首先应查明是否存在未达账项，如果存在未达账项，就应该编制银行存款余额调节表，据以调节双方的账面余额，确定企业银行存款实有数。

2. 银行存款清查的步骤

银行存款的清查按以下 4 个步骤进行。

（1）将本单位银行存款日记账与银行对账单以结算凭证的种类、号码和金额为依据，逐日、逐笔核对。凡双方都有记录的，用铅笔在金额旁打上记号“√”。

（2）找出未达账项（即银行存款日记账和银行对账单中没有打“√”的款项）。

（3）将日记账和对账单的月末余额及找出的未达账项填入银行存款余额调节表，并计算出调整后的余额。

（4）将调整平衡的银行存款余额调节表，经主管会计签章后，呈报开户银行。

凡有几个银行户头以及开设有外币存款户头的单位，应分别按存款户头开设银行存款日记账。每月月底，应分别将各户头的银行存款日记账与各户头的银行对账单核对，并分别编制各户头的银行存款余额调节表。

银行存款余额调节表的编制，是以双方账面余额为基础，分别加上对方已收款入账而己方尚未入账的数额，减去对方已付款入账而己方尚未入账的数额。其计算公式如下：

企业银行存款日记账余额＋银行已收企业未收款－银行已付企业未付款＝
银行对账单存款余额＋企业已收银行未收款－企业已付银行未付款

下面举例说明银行存款余额调节表的格式和编制方法。

【例 8－1】钦州鸿达公司2018年 8 月 31 日银行存款日记账余额为513 000元，银行对账单余额为599 000元。经逐笔核对，发现有下列未达账项：

(1) 8 月 28 日，企业收到转账支票一张，计46 000元，企业登记银行存款增加，但尚未到银行办理入账手续，因此银行尚未入账。

(2) 8 月 29 日，企业开出转账支票一张，计80 000元，用以支付供货单位账款，企业已登记银行存款减少，但支票尚未到达银行，银行尚未入账。

(3) 8 月 30 日，企业委托银行代收其他公司的购货款80 000元，银行已登记入账，作为银行存款的增加，而企业未收到通知，尚未入账。

(4) 8 月 30 日，银行代付企业水电费28 000元，银行已登记入账，作为银行存款的减少，而企业尚未收到通知，尚未入账。

根据以上未达账项，编制银行存款余额调节表如表 8－2 所示。

表 8－2　　银行存款余额调节表　　单位：元

项　目	金　额	项　目	金额
企业银行存款日记账余额	513 000	银行对账单余额	599 000
加：银行已收、企业未收款	80 000	加：企业已收、银行未收款	46 000
减：银行已付、企业未付款	28 000	减：企业已付、银行未付款	80 000
调节后的存款余额	565 000	调节后的存款余额	565 000

3. 银行存款余额调节表的作用

(1) 银行存款余额调节表是一种对账记录或对账工具，不能作为调整账面记录的依据，即不能根据银行存款余额调节表中的未达账项来调整银行存款账面记录，未达账项只有在收到有关凭证后才能进行有关的账务处理。

(2) 调节后的余额如果相等，通常说明企业和银行的账面记录一般没有错误，该余额通常为企业可以动用的银行存款实有数。

(3) 调节后的余额如果不相等，通常说明一方或双方记账有误，需进一步追查，查明原因后进行更正和处理。

二、实物资产的清查方法

实物资产主要包括固定资产、存货等。实物资产的清查就是对实物资产在数量和质量上进行清查。常用的清查方法主要有实地盘点法和技术推算法。

(一) 实地盘点法

实地盘点法是指对财产物资存放现场逐一清点数量或用计量仪器确定其实存数的一种方法。此方法数字准确可靠，在企业大部分财产物资的清查中均采用这种方法，但该方法工作量较大，耗用大量人力、时间。

(二) 技术推算法

技术推算法是利用技术、方法推算财产物资实存数的方法，此方法适用于那些大量而又廉价、笨重，难以逐一清点的财产物资，比如煤炭、砂石、油罐中的油等大宗物资的清查。此方法盘点数字不够准确，但工作量较小。

实物清查的方法和步骤如下。

(1) 实物保管人员和清查人员一同在现场对实物采用适合的清查方法进行清查，确定实存数量。

(2) 将盘点结果填入盘存单，且盘点人员和实物保管人员确认签章。盘存单是记录盘点结果的书面证明，也是反映财产物资实存数的原始凭证。盘存单的格式如表8－3所示。

表8－3　　　　**盘存单**

单位名称：　　　　存数地点：　　　　编号：
财产类别：　　　　盘点时间：　　　　金额单位：

序号	名称	规格	计量单位	盘点数量	单价	金额	备注

盘点人签章：　　　　实物保管人签章：

(3) 盘点后，把盘存单同实物账面余额记录进行核对，确认盘盈、盘亏数，并填制实存账存对比表。实存账存对比表是调整账簿记录的原始凭证，也是日后分析账存与实存产生差异的原因，确定经济责任的原始证明材料，相关人员也需要在该表上签章。实存账存对比表的格式如表8－4所示。

表8－4　　　　**实存账存对比表**

单位名称：　　　　年　月　日

序号	名称	规格	计量单位	单价	实存		账存		盘盈		盘亏		备注
					数量	金额	数量	金额	数量	金额	数量	金额	

盘点人签章：　　　　会计签章：

三、往来款项的清查方法

往来款项主要包括应收、应付款项和预收、预付款项等。往来款项的清查一般采用发函询证的方法进行核对。以下为其具体步骤。

(1) 将本单位的往来款项核对清楚，确认总分类账与明细分类账的余额相等，各明细分类账的余额相符。

(2) 在保证往来账户记录完整正确的基础上，编制往来款项对账单，寄往各有关往来单位。往来款项对账单的格式一般为一式两联，其中一联作为回单，如果对方单位核对无误，应将回单盖章后退回企业，如不相符则由对方单位另外说明，然后退回企业。其格式如表 8 -5 所示。

函证信

××单位：

本公司与贵单位的业务往来款项有下列各项目，为了对清账目，特函请查证是否相符，请在回执联中注明后盖章寄回。

此致

敬礼！

表 8 -5 **往来款项对账单**

单位： 地址： 编号：

会计科目名称	截止日期	经济事项摘要	账面余额

(3) 收到上述回单以后，应将清查结果编制往来款项清查报告单（见表 8 -6），填列各项债权、债务的余额。对于有争议的款项以及无法收回的款项，应在报告单上详细列明情况，以便于及时采取措施进行处理，避免或减少坏账损失。

表 8 -6 **往来款项清查报告单**

总分类账户名称： 年 月 日

明细分类账户		清查结果		核对不符原因分析			备注
名称	账面余额	核对相符金额	核对不符金额	未达账项金额	有争议款项金额	其他	

第三节 财产清查结果的处理

一、财产清查结果处理的要求

对于财产清查中发现的问题，如财产物资的盘盈、盘亏、毁损或其他各种损失，应核实情况，调查分析产生的原因，按照国家有关法律的规定，进行相应的处理。

1. 分析产生差异的原因和性质，提出处理建议

对于财产清查所发现的盘盈、盘亏，应查明原因，明确经济责任，并依据有关规定进行处理。对于一些合理的物资损耗等，只要在规定的损耗标准和范围内，会计人员可按照规定及时处理；对于超出规定职权范围，会计人员无权自行处理，应及时报请单位责任人处理。一般来说，个人造成的损失，应作为企业管理费用入账；因自然灾害造成的非常损失，列入企业的营业外支出。

2. 积极处理多余积压财产，清理往来款项

对于财产清查中发现的多余、积压物资，应分别按不同情况处理。属于盲目采购或者盲目生产等原因造成的积压，一方面积极利用或者改造出售，另一方面停止采购或生产。

3. 总结经验教训，建立和健全各项管理制度

财产清查后，要针对存在的问题和不足，总结经验教训，采取必要的措施，建立健全财产管理制度，进一步提高财产管理水平。

4. 及时调整账簿记录，保证账实相符

对于财产清查中发现的盘盈或盘亏，应及时调整账面记录，以保证账实相符。要根据清查中取得的原始凭证编制记账凭证，登记有关账簿，使各种财产物资的账存数与实存数相一致，同时反映待处理财产损溢的发生。

二、财产清查结果处理的步骤与方法

对于财产清查结果的处理可分为两种情况。

1. 审批之前的处理

根据清查结果报告表、盘点报告表等已经查实的数据资料，填制记账凭证，记入有关账簿，使账簿记录与实际盘存数据相符，同时根据权限，将处理建议报股东大会、董事会或经理（厂会）会议等类似机构批准。

2. 审批之后的处理

企业清查的各种财产的损溢，应于期末前查明原因，并根据企业的管理权限，应报股东大会、董事会或经理（厂长）会议等类似机构批准后，在期末结账前处理完毕。企业应严格按照有关部门对财产清查结果提出的处理意见进行账务处理，填制有关记账凭证，登记有关账簿，并追回由于责任者原因造成的财产损失。

企业清查的各种财产的损溢，如果在期末结账前尚未批准，在对外提供财务报表时，先按上述规定进行处理，并在附注中说明；其后批准处理的金额与处理金额不一致的，调整财务报表相关项目的年初数。

三、财产清查结果的账务处理

（一）设置“待处理财产损溢”账户

为了反映和监督企业在财产清查过程中查明的各种财产物资的盘盈、盘亏、毁损及其处理情况，应设置“待处理财产损溢”账户（固定资产盘盈和毁损分别通过“以前年度损益调整”“固定资产清理”账户核算）。该账户属于双重性质的资产类账户，下设“待处理流动资产损溢”和“待处理非流动资产损溢”两个明细分类账户进行明细分类核算。

该账户的借方登记财产物资的盘亏数、毁损数和批准转销的财产物资盘盈数；贷方登记财产物资的盘盈数和批准转销的财产物资盘亏及毁损数。企业清查的各种财产的盘盈、盘亏和毁损应在期末结账前处理完毕，所以“待处理财产损溢”账户在期末结账后没有余额。其结构如表 8－7 所示。

表 8－7　待处理财产损溢

借方	贷方
待处理财产物资的盘亏数、毁损数和批准转销的财产物资盘盈数	待处理财产物资的盘盈数和批准转销的财产物资盘亏及毁损数

（二）库存现金清查结果的账务处理

1. 库存现金盘盈的账务处理

库存现金盘盈时，应及时办理库存现金的入账手续，调整库存现金账簿记录，即按盘盈的金额借记“库存现金”科目，贷记“待处理财产损溢——待处理流动资产损溢”科目，按需要支付或退还他人的金额贷记“其他应付款”科目，按无法查明原因的金额贷记“营业外收入”科目。

【例 8－2】钦州鸿达公司在现金清查中发现现金溢余1 180元，后查明其中的 180 元系应付给职工王予的报销款，1 000元无法查明原因。

（1）盘盈时，钦州鸿达公司应根据库存现金盘点报告表，编制会计分录如下：

借：库存现金　　　　　　　　　　　　　　1 180
　贷：待处理财产损溢——待处理流动资产损溢　　1 180

（2）批准后，根据批准处理意见，钦州鸿达公司应编制会计分录如下：

借：待处理财产损溢——待处理流动资产损溢　　1 180
　贷：其他应付款——王予　　　　　　　　　　180
　　　营业外收入　　　　　　　　　　　　　1 000

2. 库存现金盘亏的账务处理

库存现金盘亏时，应及时办理盘亏的确认手续，调整库存现金账簿记录，即按盘亏的金额借记“待处理财产损溢——待处理流动资产损溢”科目，贷记“库存现金”科目。

对于盘亏的库存现金，应及时查明原因，按管理权限报经批准后，按可收回的保险赔偿和过失人赔偿的金额借记“其他应收款”科目，按管理不善等原因造成净损失的金额借记“管理费用”科目，按原记入“待处理财产损溢——待处理流动资产损溢”科目借方的金额贷记本科目。

【例8-3】钦州鸿达公司在现金清查中发现现金短缺1 400元，后查明系由于管理不善原因造成的。

(1) 盘亏时，钦州鸿达公司应根据库存现金盘点报告表，编制会计分录如下：

借：待处理财产损溢——待处理流动资产损溢　　1 400

　贷：库存现金　　1 400

(2) 批准后，根据批准处理意见，钦州鸿达公司应编制会计分录如下：

借：管理费用　　1 400

　贷：待处理财产损溢——待处理流动资产损溢　　1 400

(三) 存货清查结果的账务处理

存货种类繁多、收发频繁，在日常收发过程中可能发生计量错误、自然损耗，还可能发生损坏变质以及工作人员贪污、盗窃等情况，造成账实不符。对于存货的盘盈、盘亏，企业应填写存货盘点报告，及时查明原因，按照规定程序报批处理。

1. 存货盘盈的账务处理

存货盘盈时，应及时办理存货入账手续，调整存货账簿的实存数。盘盈的存货应按其重置成本作为入账价值借记“原材料”“库存商品”等科目，贷记“待处理财产损溢——待处理流动资产损溢”科目。

对于盘盈的存货，应及时查明原因，按管理权限报经批准后，冲减管理费用，按其入账价值，借记“待处理财产损溢——待处理流动资产损溢”科目，贷记“管理费用”科目。

【例8-4】钦州鸿达公司在财产清查中，盘盈甲材料一批，价值8 000元。后查明原因系材料收发计量错误。钦州鸿达公司账务处理如下：

(1) 在报经批准前，根据实存账存对比表确定的材料盘盈数，编制会计分录如下：

借：原材料　　8 000

　贷：待处理财产损溢——待处理流动资产损溢　　8 000

(2) 在批准后，根据批准处理意见，转销材料盘盈，编制会计分录如下：

借：待处理财产损溢——待处理流动资产损溢　　8 000

　贷：管理费用　　8 000

2. 存货盘亏的账务处理

存货盘亏时，应按盘亏的金额借记“待处理财产损溢——待处理流动资产损溢”

科目，贷记“原材料”“库存商品”等科目。材料、产成品、商品采用计划成本（或售价）核算的，还应同时结转成本差异（或商品进销差价）。涉及增值税的，还应进行相应处理。

对于盘亏的存货，应及时查明原因，按管理权限报经批准后，按可收回的保险赔偿和过失人赔偿的金额借记“其他应收款”科目，按管理不善等原因造成净损失的金额借记“管理费用”科目。按自然灾害等原因造成净损失的金额借记“营业外支出”科目，按原计入“待处理财产损溢——待处理流动资产损溢”科目借方的金额贷记本科目。

【例 8－5】钦州鸿达公司在财产清查中发现盘亏甲材料 400 克，单位成本 25 元，经查属于一般经营损失。假定不考虑税费。钦州鸿达公司的账务处理如下：

（1）在报经批准前，根据实存账存对比表确定的材料盘亏数，编制会计分录如下：

借：待处理财产损溢——待处理流动资产损溢　　10 000
　贷：原材料　　10 000

（2）报经批准后，按批准意见处理，编制会计分录如下：

借：管理费用　　10 000
　贷：待处理财产损溢——待处理流动资产损溢　　10 000

【例 8－6】钦州鸿达公司在财产清查中发现盘亏乙产品 40 件，单位成本 200 元。经查 40 件产品全部在一次火灾中烧毁，根据保险合同规定，保险公司赔偿6 000元，假定不考虑税费。钦州鸿达公司账务处理如下：

（1）在报经批准前，根据实存账存对比表确定的产品盘亏数，编制会计分录如下：

借：待处理财产损溢——待处理流动资产损溢　　8 000
　贷：库存产品　　8 000

（2）报经批准后，根据批准处理意见，编制会计分录如下：

借：其他应收款——保险公司　　6 000
　　营业外支出　　2 000
　贷：待处理财产损溢——待处理流动资产损溢　　8 000

（四）固定资产清查结果的账务处理

企业应当定期或者至少于每年年末对固定资产进行清查盘点，以保证固定资产核算的真实性。如发现盘亏、盘盈的固定资产，应当填制固定资产盘盈盘亏报告表，并及时查明原因，按规定程序报批处理。

1. 固定资产盘盈的账务处理

企业在财产清查过程中盘盈的固定资产，经查明确属企业所有，按管理权限报经批准后，应根据盘存凭证填制固定资产交接凭证，经有关人员签字后送交企业会计部门，填写固定资产卡片账，并作为前期差错处理，通过“以前年度损益调整”科目核算。盘盈的固定资产通常按其重置成本作为入账价值，借记“固定资产”科目，贷记“以前年度损益调整”科目。涉及增值税、所得税和盈余公积的，还应按相关规定处理。

【例8－7】2018年8月10日，钦州鸿达公司在财产清查中发现账外全新设备一台，该设备系2017年1月购入，重置成本为2 000 000元（假定与其计税基础不存在差异）。假定钦州鸿达公司按净利润的10%提取法定盈余公积，不考虑相关税费及其他因素的影响。钦州鸿达公司账务处理如下：

（1）盘盈时，应根据固定资产盘盈盘亏报告表编制会计分录如下：

借：固定资产　　2 000 000

　贷：以前年度损益调整　　2 000 000

（2）转结为留存收益时，编制会计分录如下：

借：以前年度损益调整　　2 000 000

　贷：盈余公积——法定盈余公积　　200 000

　　利润分配——未分配利润　　1 800 000

2. 固定资产盘亏的账务处理

固定资产盘亏时，应及时办理固定资产注销手续，按盘亏固定资产的账面价值，借记“待处理财产损溢——待处理非流动资产损溢”科目，按已提折旧额，借记“累计折旧”科目，按其原价，贷记“固定资产”科目。涉及增值税和递延所得税的，还应按相关规定处理。

对于盘亏的固定资产，应及时查明原因，按管理权限报经批准后，按过失人及保险公司应赔偿额，借记“其他应收款”科目，按盘亏固定资产的原价扣除累计折旧和过失人及保险公司赔偿后的差额，借记“营业外支出”科目，按盘亏固定资产的账面价值，贷记“待处理财产损溢——待处理非流动资产损溢”科目。

【例8－8】钦州鸿达公司在财产清查时发现短缺设备一台，账面原价200 000元，已提折旧140 000元。钦州鸿达公司的账务处理如下所示。

（1）盘亏时，根据固定资产盘盈盘亏报告表确定的固定资产盘亏数，编制会计分录如下：

借：待处理财产损溢——待处理非流动资产损溢　　60 000

　　累计折旧　　140 000

　贷：固定资产　　200 000

（2）在批准后，根据批准处理意见，转销固定资产盘亏的会计分录如下：

借：营业外支出　　60 000

　贷：待处理财产损溢——待处理非流动资产损溢　　60 000

（五）结算往来款项盘存的账务处理

前已述及，往来款项主要包括应收、应付款项和预收、预付款项等。在财产清查过程中发现的长期未结算的往来款项，应及时清查。

1. 应付款项的账务处理

应付款项一般在较短期限内支付，但有时由于债权单位撤销或者其他原因而使应付款项无法清偿。经查明确实无法支付的应付款项可按规定程序报经批准后，转为营业外收入，按其账面余额，借记“应付账款”科目，贷记“营业外收入”科目。

【例 8-9】钦州鸿达公司确定一笔应付账款8 600元为无法支付的款项，应予转销。钦州鸿达公司编制会计分录如下：

借：应付账款　　　　8 600

　贷：营业外收入　　　　8 600

2. 应收款项的账务处理

企业的各项应收款项，可能会因为各种原因而无法收回。对于无法收回的应收款项，应作为坏账损失冲减坏账准备。坏账是指企业无法收回或收回的可能性极小的应收款项。由于发生坏账而产生的损失，称为坏账损失。

企业通常应将符合下列条件之一的应收款项确认为坏账。

（1）债务人死亡，以其遗产清偿后仍然无法收回。

（2）债务人破产，以其破产财产清偿后仍然无法收回。

（3）债务人较长时间内未履行其偿债义务，并有足够的证据表明无法收回或者收回的可能性极小。

企业对有确凿证据表明确实无法收回的应收款项，经批准后作为坏账损失，坏账损失的核算一般分为直接转销法和备抵法两种。我国企业会计准则规定，确定应收款项的减值只能用备抵法，不得采用直接转销法。

对于已确认为坏账的应收款项，并不意味着企业放弃了追索权，一旦重新收回，应及时入账。

第九章　财务报表

第一节　财务报表概述

一、财务报表的概念与分类

（一）财务报表的概念

财务报表是对企业财务状况、经营成果和现金流量的结构性表述。

在日常的会计核算中，企业通过填制和审核会计凭证，登记会计账簿，把各项经济业务完整、连续、分类地登记在会计账簿中，虽然比会计凭证反映的信息更加条理化、系统化，但就某一会计期间的经济活动的整体而言，其所能提供的仍是分散的、部分的信息，不能通过其内在联系，集中揭示和反映该会计期间经营活动和财务收支的全貌。因此，每个会计期末，必须根据账簿上记录的资料，按照规定的报表格式、内容和编制方法，进一步归集、加工和汇总企业经营成果和现金流量情况，为有关各方提供全面的信息。

一套完整的财务报表至少应当包括下列组成部分，即“四表一注”。

（1）资产负债表是反映企业在某一特定日期的财务状况的报表，即企业在特定日期所拥有的资产、需偿还的负债以及股东（投资者）拥有的权益情况。

（2）利润表是反映企业在一定会计期间的经营成果的财务报表，即企业的盈利或亏损情况，表明企业运用所拥有的资产的获利能力。

（3）现金流量表是反映企业在一定会计期间现金和现金等价物流入和流出的报表。

（4）所有者权益变动表是反映构成所有者权益各组成部分当期增减变动情况的报表。它不仅反映所有者权益总量的增减变动，还反映这种变动的重要结构性信息，当然企业的净利润及其分配情况也包含在其中。

（5）附注是对资产负债表、利润表、现金流量表和所有者权益变动表等报表中列示项目的说明。附注是财务报表的重要组成部分。

另外，我国《小企业会计准则》规定，小企业的年度财务报表包括资产负债表、利润表、现金流量表和附注。考虑到小企业规模较小，股东权益比较简单，不如大中型企业和上市公司那么复杂，因此不强制要求小企业对外提供所有者权益变动表。

我国《企业财务会计报告条例》规定，年度结账日为公历年度每年的 12 月 31 日；半年度、季度、月度结账日分别为公历年度每半年、每季、每月的最后一天。

（二）财务报表的分类

1. 按编报期间不同划分

按编报期间不同，财务报表可以分为中期财务报表和年度财务报表。

（1）中期财务报表是指以中期为基础编制的财务报表。中期，指短于一个完整的会计年度（自公历 1 月 1 日起至 12 月 31 日止）的报告期间，可以是半年度、季度或月度，也可以是其他短于一个会计年度的期间。中期财务会计报表包括半年度财务报表、季度财务报表和月度财务报表，也包括年初至本中期末的财务报表，如编制的 1 月 1 日至 9 月 30 日的财务报表。值得注意的是，中期财务报表至少应当包括资产负债表、利润表、现金流量表和附注。其中，中期资产负债表、利润表和现金流量表应该是完整报表，其格式和内容应当与年度财务报表一致。与年度财务报表相比，中期财务报表中的附注披露可适当简略。

（2）年度财务报表，指以一个完整会计年度（自公历 1 月 1 日起至 12 月 31 日止）为基础编制的财务报表。年度财务报表一般包括资产负债表、利润表、现金流量表、所有者权益变动表和附注。

2. 按其编制主体不同划分

按其编制主体不同，财务报表可以分为个别财务报表和合并财务报表。

（1）个别财务报表是由企业在自身会计核算基础上对账簿记录进行加工而编制的财务报表，它主要用以反映企业自身的财务状况、经营成果和现金流量情况。

（2）合并财务报表，是以母公司和子公司组成的企业集团为报告主体，以母公司和子公司单独编制的个别财务报表为基础，由母公司编制的综合反映企业集团财务状况、经营成果及现金流量的财务报表。合并财务报表主要包括合并资产负债表、合并利润表、合并现金流量表、合并所有者权益（或股东权益）变动表和附注。它们分别从不同的方面反映企业集团财务状况、经营成果及其现金流量情况，构成一个完整的合并财务报表体系。

二、财务报表编制的基础要求

1. 以持续经营为基础编制

企业应当以持续经营为基础，根据实际发生的交易和事项，按照《企业会计准则——基本准则》和其他各项会计准则的规定进行确认和计量，在此基础上编制财务报表。企业不应以附注披露代替确认和计量，不恰当的确认和计量也不能通过充分披露相关会计政策而纠正。

如果按照各项会计准则规定披露的信息不足以让报表使用者了解特定交易或者事项对企业财务状况和经营成果的影响时，企业还应当披露其他的必要信息。

在编制财务报表的过程中，企业管理层应当利用所有可获得信息来评价企业自报告期末起至少 12 个月的持续经营能力。

评价时需要考虑宏观政策风险、市场经营风险、企业目前或长期的盈利能力、偿债能力、财务弹性以及企业管理层改变经营政策的意向等因素。

评价结果表明对持续经营能力产生重大的怀疑，企业应当在附注中披露导致对持续经营能力产生重大怀疑的因素以及企业拟采取的改善措施。

企业如有近期获利经营的历史且有财务资源支持，则通常表明以持续经营为基础编制财务报表是合理的。

如果以持续经营为基础编制财务报表不再合理，企业应当采用其他基础编制财务报表，并在附注中声明财务报表未以持续经营为基础编制的事实，披露未以持续经营为基础编制的原因和财务报表编制的基础。比如企业在破产清算时将不再持续经营，这时报表的编制基础就要改变，企业应在附注中对此进行披露。

2. 按正确的会计基础编制

除现金流量表按照收付实现制原则编制外，企业应当按照权责发生制原则编制财务报表。

3. 按年编制财务报表

企业应当按年编制财务报表。根据《中华人民共和国会计法》的规定，会计年度自公历 1 月 1 日起至 12 月 31 日止。年度财务报表涵盖的期间短于一年的，比如在年度中间的某一日（7 月 21 日）设立公司，应当披露年度财务报表的涵盖期间、短于 1 年的原因以及报表数据不具可比性的事实。

4. 项目列报遵守重要性原则

重要性，指在合理预期下，如果财务报表某项目的省略或错报会影响使用者据此做出经济决策的，那么该项目具有重要性。

重要性应当根据企业所处的具体环境，从项目的性质和金额两方面予以判断。且对各项目重要性的判断标准一经确定，不得随意变更。判断项目性质的重要性，应当考虑该项目在性质上是否属于企业日常活动，是否显著影响企业的财务状况、经营成果和现金流量等因素；判断项目金额大小的重要性，应当考虑该项目金额占资产总额、负债总额、所有者权益总额、营业收入总额、营业成本总额、净利润、综合收益总额等直接相关项目金额的比重或所属报表单列项目金额的比重。

（1）性质或功能不同的项目，应当在财务报表中单独列报，但不具有重要性的项目除外。比如无形资产和固定资产在性质和功能上有本质区别，需单独列报。

（2）性质或功能类似的项目，一般可以合并列报，但其所属类别具有重要性的，应当按其类别在财务报表中单独列报。比如原材料、在产品等在性质和功能上类似，可合并统称为“存货”列报。

（3）某些项目的重要性程度不足以在资产负债表、利润表、现金流量表或所有者权益变动表中单独列示，对附注却具重要性，则应当在附注中单独披露。

（4）《企业会计准则第 30 号——财务报表列报》规定在财务报表中单独列报的项目，应当单独列报。其他会计准则规定单独列报的项目，应当增加单独列报项目。

5. 保持各个会计期间财务报表项目列报的一致性

财务报表项目的列报应当在各个会计期间保持一致，除会计准则要求改变财务报表项目的列报或企业经营业务的性质发生重大变化后变更财务报表项目的列报能够提供更可靠、更相关的会计信息外，不得随意变更。这一点符合会计信息质量的可比性要求。

6. 各项目之间的金额不得相互抵销

财务报表中的资产项目和负债项目的金额、收入项目和费用项目的金额、直接计入当期利润的利得项目和损失项目的金额不得相互抵销，但其他会计准则另有规定的例外。比如，销售商品的收入不能与销售商品发生的费用相互抵销而以净额列示，应收客户款不能与应付客户款抵销而以净额列示。

值得注意的是，以下 3 种情况不属于抵销，可以以净额列示。

（1）一组类似交易形成的利得和损失应当以净额列示，但具有重要性的除外。比如汇兑损益、为交易目的而持有的金融工具形成的利得和损失，应当以净额列示。

（2）资产或负债项目按扣除备抵项目后的净额列示，不属于抵销。比如固定资产按扣除累计折扣和减值准备后的净额列示。

（3）非日常活动产生的利得和损失，以同一交易形成的收益扣除相关费用后的净额列示更能反映交易实质的，不属于抵销。非日常活动具有偶然性，不属于企业主营业务，以净额列示符合重要性原则。

7. 至少应当提供所有列报项目上一个可比会计期间的比较数据

当期财务报表的列报，至少应当提供所有列报项目上一个可比会计期间的比较数据，以及与理解当期财务报表相关的说明，但其他会计准则另有规定的除外。这样做的目的是提高信息在会计期间的可比性。

财务报表的列报项目发生变更的，应当至少对可比期间的数据按照当期的列报要求进行调整，并在附注中披露调整的原因和性质，以及调整的各项目金额。对可比数据进行调整不切实可行的，应当在附注中披露不能调整的原因。不切实可行是指企业在做出所有合理努力后仍然无法采用某项会计准则规定。

8. 应当在财务报表的显著位置披露编报企业的名称等重要信息

企业应当在财务报表的显著位置（如表首）至少披露下列各项：①编报企业的名称，如企业名称在所属当期发生变更的，还应明确标明；②资产负债表日或财务报表涵盖的会计期间，资产负债表要披露资产负债表日，利润表、现金流量表和所有者权益变动表要披露财务报表涵盖的会计期间；③人民币数额单位，如人民币元，人民币万元等；④财务报表是合并财务报表的，应当予以标明。

三、财务报表编制前的准备工作

在编制财务报表前，需要完成下列工作。

（1）严格审核会计账簿的记录和有关资料。对会计账簿进行全面审核，主要包括：①审核会计账簿记录与会计凭证的内容、金额是否一致，记账方向是否相符；②审核会计账簿之间的余额，包括总账账户的借方余额之和与贷方余额之和是否相等、各种日记账的余额与有关总账账户余额是否相等。通过审核，保证账证相符、账账相符。

（2）进行全面财产清查、核实债务，并按规定程序报批，进行相应的会计处理。应清查、核实的主要内容：①各项结算款项（包括应收、应付款项，应交税费，银行借款等）是否存在，与债权、债务单位的往来金额是否一致；②各项存货的实存数量与账面数量是否一致；③各项对外投资是否存在，投资收益是否按照规定进行确认和计量；④固定资产的实存数量与账面数量是否一致；⑤在建工程的实际发生额与账面记录是否一致等。之后应将结果按程序报批企业董事会或相应机构，并进行相应的会计处理。

（3）按规定的结账日进行结账，结出有关会计账簿的余额和发生额，并核对各会计账簿之间的余额。年度结账日为公历年度每年的12月31日；半年度、季度、月度结账日分别为公历年度每半年、每季、每月的最后一天。结账日不得提前或延迟。

（4）检查相关的会计核算是否按照国家统一的会计制度的规定进行。

（5）检查是否存在因会计差错、会计政策变更等原因需要调整前期或本期相关项目的情况等。

通过上述（4）、（5）步的检查，可以保证企业会计核算方法和会计账簿记录符合企业会计准则的规定。

第二节　资产负债表

一、资产负债表的概念与作用

1. 资产负债表的概念

资产负债表是反映企业在某一特定日期的财务状况的财务报表。它是根据“资产＝负债＋所有者权益”这一会计等式，依照一定的分类标准和顺序，将企业某一特定日期的全部资产、负债和所有者权益项目进行适当分类、汇总、排列后编制而成的。

它反映企业在某一特定日期所拥有或控制的经济资源、所承担的现时义务和所有者对净资产的要求权。

企业编制资产负债表的目的是如实反映企业的资产、负债和所有者权益金额及其结构状况，帮助使用者评价企业资产的质量以及短期偿债能力、长期偿债能力、利润分配能力等。

2. 资产负债表的作用

资产负债表的主要作用：①可以提供某一日期资产的总额及其结构，表明企业拥有或控制的资源及其分布情况；②可以提供某一日期的负债总额及其结构，表明企业未来需要用多少资产或劳务清偿债务以及清偿时间；③可以反映所有者所拥有的权益，据以判断资本保值、增值的情况以及对负债的保障程度。

二、资产负债表的列示要求

（一）资产负债表列报总体要求

1. 分类别列报

资产负债表列报，最根本的目标就是如实反映企业在资产负债表日所拥有的资源、所承担的负债以及所有者所拥有的权益。因此，资产负债表应当按照资产、负债和所有者权益三大类别分类列报。

2. 资产和负债应当按流动性列报

资产和负债应当按照流动性分为流动资产和非流动资产、流动负债和非流动负债列示。流动性，通常按资产的变现或耗用时间长短或者负债的偿还时间长短来确定。按照财务报表列报准则的规定，应先列报流动性强的资产或者负债，再列报流动性弱的资产或者负债。

银行、证券、保险等金融企业由于在经营内容上不同于一般的工商企业，导致其资产和负债的构成项目也与一般工商企业有所不同，具有特殊性，金融企业的有些资产或负债无法严格区分为流动资产和非流动资产或流动负债和非流动负债。在这种情况下，往往按照流动性列示能够提供可靠且更相关的信息，因此金融企业可以大体按照流动性顺序列示资产和负债。

3. 列报相关的合计、总计项目

资产负债表中资产类至少应当列示流动资产、非流动资产以及资产的合计项目；负债类至少应当列示流动负债、非流动负债以及负债的合计项目；所有者权益类应当列示所有者权益的合计项目。

资产负债表遵循了“资产＝负债＋所有者权益”这一会计恒等式，把企业在特定时日所拥有的经济资源和与之相对应的企业所承担的债务及偿债以后所有者权益充分反映出来。因此，资产负债表应当分别列示资产总计项目和负债与所有者权益之和的总计项目，并且这两者的金额应当相等。

（二）资产的列报

资产是指企业过去的交易或者事项形成的、由企业拥有或控制的、预期会给企业带来经济利益的资源。

资产负债表中的资产类至少应当单独列示反映下列信息的项目：①货币资金；②交易性金融资产；③衍生金融资产；④应收票据；⑤应收款项；⑥预付款项；⑦应收利息；⑧其他应收款；⑨存货；⑩长期应收款；⑪固定资产；⑫在建工程；⑬无形资产；⑭递延所得税资产。

资产负债表中的资产项目是按流动性的大小排列的，如最活跃的货币资金等流动资产排在前面，流动性小的如固定资产等非流动资产排在后面，流动资产是指预计在1个正常营业周期中变现出售或耗用，或者主要为交易目的而持有，或者预计在资产负债表日起1年内（含1年）变现的资产，以及自资产负债表日起1年内交换其他资产或清偿负债的能力不受限制的现金和现金等价物。以上项目①至⑥为流动资产；非流动资产是指流动资产以外的资产，以上项目⑦至⑭为非流动资产。

（三）负债列报

负债是指企业过去的交易或者事项形成的，预期会导致经济利益流出企业的现时义务。

资产负债表中的负债类至少应当单独列示反映下列信息的项目：①短期借款；②交易性金融负债；③应付款项；④预付款项；⑤应付职工薪酬；⑥应交税费；⑦持有待售负债；⑧长期借款；⑨应付债券；⑩长期应付款；⑪预计负债；⑫递延所得税负债。

资产负债表中的负债项目是按偿还时间长短来排列的，偿还时间短的，如“短期借款”等流动负债排在前面，偿还时间长的，如“应付债券”等非流动负债排在后面。流动负债是指预计在1个正常营业周期中偿还，或者主要为交易目的而持有，或者自资产负债表日起1年内（含1年）到期应予以清偿，或者企业无权自主地将清偿推迟至资产负债表日以后1年以上的负债，以上项目①至⑦为流动负债；非流动负债是指流动负债以外的负债，以上项目⑧至⑫为非流动负债。

（四）所有者权益的列报

所有者权益是指企业资产扣除负债后由所有者享有的剩余权益。公司的所有者权益又称为股东权益。

资产负债表中的所有者权益类至少应当单独列示反映下列信息的项目；①实收资本（或股本）；②资本公积；③盈余公积；④未分配利润。

资产负债表中的所有者权益项目是按稳定性大小排列的，最稳定的“实收资本”项目排在前面，相对最不稳定的“未分配利润”排在后面。

三、我国企业资产负债表的一般格式

资产负债表的格式主要有账户式和报告式两种。在我国，资产负债表采用账户式的格式，即左侧列示资产，右侧列示负债和所有者权益。

资产负债表由表头和表体两部分组成，表头部分应列明报表名称、编表单位名称、资产负债表日和人民币金额单位；表体部分反映资产、负债和所有者权益的内容。其中，表体部分是资产负债表的主体和核心，各项资产和负债项目按流动性排列，所有者权益项目按稳定性排列。我国企业资产负债表的格式一般如表 9 - 1 所示。

表 9 - 1 **资产负债表** 会小企 01 表

编制单位： 年 月 单位：元

资产	行次	期末余额	年初余额	负债和所有者权益	行次	期末余额	年初余额
流动资产：				流动负债：			
货币资金	1			短期借款	31		
短期投资	2			应付票据	32		
应收票据	3			应付账款	33		
应收账款	4			预收账款	34		
预付账款	5			应付职工薪酬	35		
应收股利	6			应交税费	36		
应收利息	7			应付利息	37		
其他应收款	8			应付利润	38		
存货	9			其他应付款	39		
其中：原材料	10			其他流动负债	40		
在产品	11			流动负债合计	41		
库存商品	12			非流动负债：			
周转材料	13			长期借款	42		
其他流动资产	14			长期应付款	43		
流动资产合计	15			递延收益	44		
非流动资产：				其他非流动负债	45		
长期债券投资	16			非流动负债合计	46		
长期股权投资	17			负债合计	47		

续表

资产	行次	期末余额	年初余额	负债和所有者权益	行次	期末余额	年初余额
固定资产原价	18						
减：累计折旧	19						
固定资产账面价值	20						
在建工程	21						
工程物资	22						
固定资产清理	23						
生产性生物资产	24			所有者权益：			
无形资产	25			实收资本（或股本）	48		
开发支出	26			资本公积	49		
长期待摊费用	27			盈余公积	50		
其他非流动资产	28			未分配利润	51		
非流动资产合计	29			所有者权益合计	52		
资产总计	30			负债和所有者权益总计	53		

四、资产负债表编制的基本方法

（一）“期末余额”栏的填列方法

1. 资产负债表项目的填列方法

资产负债表“期末余额”栏内各项数字一般应根据资产、负债和所有者权益类科目的期末余额填列，具体方法如下。

（1）根据一个或几个总账科目的余额填列。资产负债表中的有些项目，可直接根据有关总账科目的期末余额填列，如“应付票据”项目，根据“应付票据”总账科目的期末余额直接填列；“短期借款”项目，根据“短期借款”总账科目的期末余额直接填列等。有些项目则需根据几个总账科目的期末余额计算填列，如“货币资金”项目，需根据“库存现金”“银行存款”“其他货币资金”3个总账科目的期末余额的合计数填列。

（2）根据明细账科目的余额计算填列。如“应付账款”项目，需要根据“应付账款”和“预付账款”两个科目分别所属的相关明细科目的期末贷方余额计算填列；“应收账款”项目，需要根据“应收账款”和“预收账款”两个科目分别所属的相关明细科目的期末借方余额计算填列；“应付职工薪酬”项目，应根据“应付职工薪酬”科目的明细科目期末余额分析填列；“一年内到期的非流动资产”“一年内到期的非流动负债”项目，应根据有关非流动资产和负债项目的明细科目余额分析填列。

(3) 根据总账科目和明细账科目的余额分析计算填列。如“长期借款”项目，应根据“长期借款”总账科目余额扣除“长期借款”科目所属的明细科目中将在资产负债表日起1年内到期、且企业不能自主地将清偿义务展期的长期借款后的金额计算填列；“长期待摊费用”项目，应根据“长期待摊费用”科目的期末余额，减去将于1年内（含1年）摊销的数额后的金额填列。

(4) 根据有关科目余额减去其备抵科目余额后的净额填列。如“应收账款”“长期股权投资”项目，应根据“应收账款”“长期股权投资”等科目的期末余额，减去“坏账准备”“长期股权投资减值准备”等科目的期末余额后以净额填列；“固定资产”项目，应根据“固定资产”科目的期末余额减去“累计折旧”“固定资产减值准备”科目期末余额后的净值填列；又如，“无形资产”项目，根据“无形资产”科目的期末余额减去“累计摊销”“无形资产减值准备”科目余额后的净额填列。

(5) 综合运用上述填列方法分析填列，如“存货”项目，需要根据“原材料”“库存商品”“委托加工物资”“周转材料”“材料采购”“在途物资”“发出商品”“材料成本差异”等总账科目期末余额的分析汇总数，再减去“受托代销商品款”“存货跌价准备”科目余额后的净额填列。

2. 资产负债表项目的填列说明

根据企业会计准则及其讲解，资产负债表中主要项目的填列说明如下。

(1) 资产项目的填列方法。

①“货币资金”项目，反映企业库存现金、银行结算户存款、外埠存款、银行汇票存款、银行本票存款、信用卡存款、信用证保证金存款等的合计数。本项目应根据“库存现金”“银行存款”“其他货币资金”科目期末余额的合计数填列。

②“交易性金融资产”项目。反映企业持有的以公允价值计量且其变动计入当期损益的为交易目的所持有的债券投资、股票投资、基金投资、权证投资等金融资产。本项目应当根据“交易性金融资产”科目的期末余额填列。

③“应收票据”项目反映企业因销售商品、提供劳务等而收到的商业汇票，包括银行承兑汇票和商业承兑汇票。本项目应根据“应收票据”科目的期末余额，减去“坏账准备”科目中有关应收票据计提的坏账准备期末余额后的金额分析填列。

④“应收账款”项目，反映企业因销售商品，提供劳务等经营活动应收取的款项。本项目应根据“应收款项”和“预收款项”科目所属各明细科目的期末借方余额合计减去“坏账准备”科目中有关应收账款计提的坏账准备期末余额后的金额填

列。如“应收账款”科目所属明细科目期末有贷方余额的，应在本表“预收款项”项目内填列。

⑤“预付款项”项目，反映企业按照购货合同规定预付给供应单位的款项等。本项目应根据“预付账款”和“应付账款”科目所属各明细科目的期末借方余额合计数，减去“坏账准备”科目中有关预付款项计提的坏账准备期末余额后的金额填列。如“预付账款”科目所属各明细科目期末有贷方余额的，应在资产负债表“应付账款”项目内填列。

⑥“应收利息”项目，反映企业应收取的债权投资等的利息。本项目应根据“应收利息”科目的期末余额，减去“坏账准备”科目中有关应收利息计提的坏账准备期末余额后的金额填列。

⑦“应收股利”项目，反映企业应收取的现金股利和应收取其他单位分配的利润。本项目应根据“应收股利”科目的期末余额，减去“坏账准备”科目中有关应收股利计提的坏账准备期末余额后的金额填列。

⑧“其他应收款”项目，反映企业除应收票据、应收账款、预付账款、应收股利、应收利息等经营活动以外的其他各种应收、暂付的款项。本项目应根据“其他应收款”科目的期末余额，减去“坏账准备”科目中有关其他应收款计提的坏账准备期末余额后的金额填列。

⑨“存货”项目，反映企业期末在库、在途和在加工中的各种存货的可变现净值。本项目应根据“材料采购”“原材料”“低值易耗品”“库存商品”“周转材料”“委托加工物资”“委托代销商品”“生产成本”等科目的期末余额合计，减去“受托代销商品款”“存货跌价准备”科目期末余额后的金额填列。材料采用计划成本核算，以及库存商品采用计划成本核算和售价核算的企业，还应按加或减材料成本差异、商品进销差价后的金额填列。

⑩“一年内到期的非流动资产”项目，反映企业将于 1 年内到期的非流动资产项目金额。本项目应根据有关非流动资产项目的明细科目余额分析填列。

⑪“长期股权投资”项目，反映企业持有的对子公司、联营企业和合营企业的长期股权投资。本项目应根据“长期股权投资”科目的期末余额，减去“长期股权投资减值准备”科目的期末余额后的金额填列。

⑫“固定资产”项目，反映企业各种固定资产原价减去累计折旧和累计减值准备后的净额。本项目应根据“固定资产”科目的期末余额，减去“累计折旧”和“固定资产减值准备”科目期末余额后的金额填列。

⑬“在建工程”项目，反映企业期末各项未完工程的实际支出，包括未交付安装的设备价值、未完建筑安装工程已经耗用的材料、工资和费用支出、预付出包工程的价款等的可收回金额。本项目应根据“在建工程”科目的期末余额，减去“在建工程减值准备”科目期末余额后的金额填列。

⑭“工程物资”项目，反映企业尚未使用的各项工程物资的实际成本。本项目应根据“工程物资”科目的期末余额填列。

⑮“固定资产清理”项目，反映企业因出售、毁损、报废等原因转入清理但尚未清理完毕的固定资产的净值，以及固定资产清理过程中所发生的清理费用和变价收入等各项金额的差额。本项目应根据“固定资产清理”科目的期末借方余额填列，如“固定资产清理”科目期末为贷方余额，以“-”号填列。

⑯“无形资产”项目，反映企业持有的无形资产包括专利权、非专利技术、商标权、著作权、土地使用权等。本项目应根据“无形资产”的期末余额，减去“累计摊销”和“无形资产减值准备”科目期末余额后的金额填列。

⑰“开发支出”项目，反映企业开发无形资产过程中能够资本化形成无形资产成本的支出部分。本项目应当根据“研发支出”科目中所属的“资本化支出”明细科目期末余额填列。

⑱“长期待摊费用”项目，反映企业已经发生，但应由本期和以后各期负担的分摊期限在一年以上的各项费用。长期待摊费用中，在1年内（含1年）摊销的部分，在资产负债表“一年内到期的非流动资产”项目填列。本项目应根据“长期待摊费用”科目的期末余额减去将于1年内（含1年）摊销的数额后的金额填列。

⑲“其他非流动资产”项目，反映企业除长期股权投资、固定资产、在建工程、工程物资、无形资产等以外的其他非流动资产。本项目应根据有关科目的期末余额减去将于1年内（含1年）收回数额后的金额填列。

（2）负债项目的填列方法。

①“短期借款”项目，反映企业向银行或其他金融机构等借入的期限在1年以下（含1年）的各种借款。本项目应根据“短期借款”科目的期末余额填列。

②“应付票据”项目，反映企业购买材料、商品和接受劳务供应等而开出、承兑的商业汇票，包括银行承兑汇票和商业承兑汇票。本项目应根据“应付票据”科目的期末余额填列。

③“应付账款”项目，反映企业因购买材料、商品和接受劳务供应等经营活动应支付的款项。本项目应根据“应付账款”和“预付账款”科目所属各明细科目的期末贷方余额合计数填列；如“应付账款”科目所属明细科目期末有借方余额的，应在资产负债表“预付款项”项目内填列。

④“预收款项”项目，反映企业按照购货合同规定预收供应单位的款项。本项目应根据“预收账款”和“应收账款”科目所属的明细科目的期末贷方余额合计数填列。如“预收账款”科目所属各明细科目期末有借方余额，应在资产负债表“应收账款”项目内填列。

⑤“应付职工薪酬”项目，反映企业根据有关规定应付给职工的工资、福利费、

社会保险费、住房公积金、工会经费、职工教育经费、非货币性福利、辞退福利等各种薪酬。外商投资企业按规定从净利润中提取的职工奖励及福利基金，也在本项目列示。本项目应根据“应付职工薪酬”科目的明细科目余额分析填列。

⑥“应交税费”项目，反映企业按照税法规定应交纳的各种税费，包括增值税、消费税、所得税、资源税、土地增值税、城市维护建设税、房产税、土地使用税、车船税、教育费附加矿产资源补偿费等。企业代扣代缴的个人所得税，也通过本项目列示。企业所交纳的税金不需要预计应交数的，如印花税、耕地占用税等，不在本项目列示。本项目应根据“应交税费”科目的期末贷方余额填列，如“应交税费”科目期末为借方余额，应以“－”号填列。

⑦“应付利息”项目，反映企业按照规定应当支付的利息，包括分期付息，到期还本的长期借款应支付的利息、企业发行的企业债券应支付的利息等。本项目应当根据“应付利息”科目的期末余额填列。

⑧“应付股利”项目，反映企业分配的现金股利或利润。企业分配的股票股利不通过本项目列示。本项目应根据“应付股利”科目的期末余额填列。

⑨“其他应付款”项目，反映企业除应付票据、应付账款、预收款项、应付职工薪酬、应付股利、应付利息、应交税费等经营活动以外的其他各项应付、暂收的款项。本项目应根据“其他应付款”科目的期末余额填列。

⑩“一年内到期的非流动负债”项目，反映企业非流动负债中将于资产负债表日后一年内到期部分的金额，如将于一年内偿还的长期借款。本项目应根据有关非流动负债项目的明细科目余额分析填列。

⑪“长期借款”项目，反映企业向银行或其他金融机构借入的期限在1年以上（不含1年）的各项借款。本项目应根据“长期借款”总账科目余额扣除“长期借款”科目所属的明细科目中将在资产负债表日起1年内到期，且企业不能自主地将清偿义务展期的长期借款后的金额计算填列。

⑫“应付债券”项目，反映企业为筹集长期资金而发行的债券本金和利息。本项目应根据“应付债券”科目的明细科目余额分析填列。

⑬“其他非流动负债”项目，反映企业除长期借款、应付债券等项目以外的其他非流动负债。本项目应根据有关科目的期末余额减去将于1年内（含1年）到期偿还数额后的余额填列。非流动负债各项目中将于1年内（含1年）到期的非流动负债，应在“一年内到期的非流动负债”项目内单独反映。

（3）所有者权益项目的填列方法。

①“实收资本（或股本）”项目，反映企业各投资者实际投入的资本（或股本）总额。本项目应根据“实收资本（或股本）”科目的期末余额填列。

②“资本公积”项目，反映企业资本公积的期末余额。本项目应根据“资本公积”科目的期末余额填列。

③“盈余公积”项目，反映企业盈余公积的期末余额。本项目应根据“盈余公积”项目的期末余额填列。

④“未分配利润”项目反映企业尚未分配的利润。本项目应根据“利润分配”科目中所属的“未分配利润”明细科目期末余额填列。未弥补的亏损在本项目内以“-”号填列。

（二）年初余额栏的填列方法

本表的“年初余额”栏通常根据上年末有关项目的期末余额填列，且与上年末资产负债表“期末余额”栏一致。如果企业上年度资产负债表规定的项目名称和内容与本年度不一致，应当对上年年末资产负债表相关项目的名称和数字，按照本年度的规定进行调整，填入年初余额栏。

第三节　利润表

一、利润表的概念与作用

1. 利润表的概念

利润表是反映企业在一定会计期间的经营成果的财务报表。利润表是根据会计核算的配比原则，把一定时期内的收入和相对应的成本费用配比，从而计算出企业一定时期的各项利润指标。

企业编制利润表的目的是如实反映企业实现的收入、发生的费用以及应当计入当期利润的利得和损失等金额及其结构情况，帮助使用者分析评价企业的盈利能力、利润构成及其质量。利润表包括的项目有营业收入、营业成本、营业利润、利润总额、净利润、每股收益、其他综合收益和综合收益总额等。

2. 利润表的作用

（1）反映一定会计期间收入的实现情况。如实现了多少营业收入、实现了多少投资收益、实现了多少营业外收入。

（2）反映一定会计期间的费用耗费情况、如耗费了多少营业成本，花费了多少营业税费、销售费用、管理费用、财务费用以及营业外支出。

（3）反映企业经济活动成果的实现情况，以判断资本保值增值等情况。如企业实现了多少利润，或者亏损了多少。

二、利润表的列示要求

利润表列示的基本要求如下。

（1）企业在利润表中应当对费用按照功能分类，分为从事经营业务发生的成本、管理费用，销售费用和财务费用等。

（2）利润表至少应当单独列示反映下列信息项目，但其他会计准则另有规定的除外：①营业收入；②营业成本；③税金及附加；④管理费用；⑤销售费用；⑥财务费用；⑦投资收益；⑧公允价值变动损益；⑨资产减值损失；⑩资产处置收益；⑪所得税费用；⑫净利润；⑬其他综合收益的税后净额；⑭综合收益总额。金融企业可以根据其特殊性列示利润表项目。

（3）其他综合收益的税后净额项目应当根据其他相关会计准则的规定划分为以后会计期间不能重分类进损益的其他综合收益项目和以后会计期间在满足规定条件时将重分类进损益的其他综合收益项目两类列报。

（4）在合并利润表中，企业应当在净利润项目之下单独列示归属于母公司所有者的损益和归属于少数股东的损益，在综合收益总额项目之下单独列示归属于母公司所有者的综合收益总额和归属于少数股东的综合收益总额。

三、我国企业利润表的一般格式

利润表的格式主要有多步式利润表和单步式利润表。在我国企业应当采用多步式利润表，将不同性质的收入和费用分别进行对比，以便得出一些中间性的利润数据，帮助使用者理解企业经营成果的不同来源。

企业可以分如下三个步骤编制利润表。

第一步，以营业收入为基础，减去营业成本、税金及附加、销售费用、管理费用、财务费用、资产减值损失、加上公允价值变动收益（减去公允价值变动损失）和投资收益（减去投资损失），计算出营业利润。

第二步，以营业利润为基础，加上营业外收入，减去营业外支出，计算出利润总额。

第三步，以利润总额为基础，减去所得税费用，计算出净利润（或净亏损）。

也可以用公式表示如下：

营业利润＝营业收入－营业成本－税金及附加－销售费用－管理费用－财务费用－资产减值准备＋公允价值变动收益＋投资收益

利润总额＝营业利润＋营业外收入－营业外支出

净利润＝利润总额－所得税费用

因此，多步式利润表反映出了构成营业利润、利润总额、净利润的各项要素的情况，有助于使用者从不同利润类别中了解企业经营成果的不同来源。

利润表通常包括表头和表体两部分。表头应列明报表名称、编表单位名称、财务报表涵盖的会计期间和人民币金额单位等内容；利润表的表体反映形成经营成果的各个项目和计算过程。我国企业利润表的一般格式如表9－2所示。

表 9－2 **利润表** 会企 02 表

编制单位： 年 月 单位：元

项目	行次	本期金额	上期金额
一、营业收入	1		
减：营业成本	2		
税金及附加	3		
销售费用	4		
管理费用	5		
研发费用	6		
财务费用	7		
其中：利息费用	8		
利息收入	9		
资产减值准备	10		
加：其他收益	11		
投资收益（损失以“－”号填列）	12		
其中：对联营企业和合营企业的投资收益	13		
公允价值变动收益（损失以“－”号填列）	14		
资产处置收益（损失以“－”号填列）	15		
二、营业利润（损失以“－”号填列）	16		
加：营业外收入	17		
减：营业外支出	18		
三、利润总额（亏损总额以“－”号填列）	19		
减：所得税费用	20		
四、净利润（净亏损总额以“－”号填列）	21		
（一）持续经营净利润（净亏损以“－”号填列）	22		
（二）终止经营净利润（净亏损以“－”号填列）	23		
五、其他综合收益的税后净额	24		
（一）不能重分类进损益的其他综合收益	25		
1. 重新计量设定受益计划变动额	26		
2. 权益法下不能转损益的其他综合收益	27		
……	28		
（二）将重分类进损益的其他综合收益	29		
1. 权益法下可转损益的其他综合收益	30		

续表

项目	行次	本期金额	上期金额
2. 可供出售金额资产公允价值变动损益	31		
3. 持有至到期投资重分类为可供出售金融资产损益	32		
4. 现金流量套期损益的有效部分	33		
5. 外币财务报表折算差额	34		
……	35		
六、综合收益总额	36		
七、每股收益	37		
（一）基本每股收益	38		
（二）稀释每股收益	39		

四、利润表编制的基本方法

（一）“本期金额”栏的填列方法

1. 利润表项目的填列方法

“本期金额”栏根据“主营业务收入”“主营业务成本”“税金及附加”“销售费用”“管理费用”“财务费用”“资产减值损失”“公允价值变动损益”“投资收益”“营业外收入”“营业外支出”“所得税费用”等科目的发生额分析填列。其中，“营业利润”“利润总额”“净利润”等项目根据该表中相关项目计算填列。

2. 利润表项目的填列说明

利润表“本年金额”栏内各项数字一般应根据损益类科目的发生额分析填列，具体包括以下方面。

（1）“营业收入”项目，反映企业经营主要业务和其他业务所确认的收入总额。本项目应根据“主营业务收入”和“其他业务收入”科目的发生额分析填列。

（2）“营业成本”项目，反映企业经营主要业务和其他业务所发生的成本总额。本项目应根据“主营业务成本”和“其他业务成本”科目的发生额分析填列。

（3）“税金及附加”项目，反映企业经营业务应负担的消费税、城市建设维护税、资源税、土地增值税和教育费附加等。本项目应根据“税金及附加”科目的发生额分析填列。

（4）“销售费用”项目，反映企业在销售商品过程中发生的包装费、广告费等费用和为销售本企业商品而专设的销售机构的职工薪酬、业务费等经营费用。本项目应根据“销售费用”科目的发生额分析填列。

（5）“管理费用”项目，反映企业为组织和管理生产经营发生的管理费用。本项目应根据“管理费用”的发生额分析填列。

(6)“财务费用”项目，反映企业筹集生产经营所需资金等而发生的筹资费用。本项目应根据“财务费用”科目的发生额分析填列。

(7)“资产减值损失”项目，反映企业各项资产发生的减值损失。本项目应根据“资产减值损失”科目的发生额分析填列。

(8)“公允价值变动收益”项目，反映企业应当计入当期损益的资产或负债公允价值变动收益。本项目应根据“公允价值变动损益”科目的发生额分析填列。如为投资损失，本项目以“-”号填列。

(9)“投资收益”项目，反映企业以各种方式对外投资所取得的收益。本项目应根据“投资收益”科目的发生额分析填列，如为投资损失，本项目以“-”号填列。

(10)“营业利润”项目，反映企业实现的营业利润，如为亏损，本项目以“-”号填列。

(11)“营业外收入”项目，反映企业发生的与经营业务无直接关系的各项收入。本项目应根据“营业外收入”科目的发生额分析填列。

(12)“营业外支出”项目，反映企业发生的与经营业务无直接关系的各项支出。本项目应根据“营业外支出”科目的发生额分析填列。

(13)“利润总额”项目，反映企业实现的利润。如为亏损，本项目以“-”号填列。

(14)“所得税费用”项目，反映企业应从当期利润总额中扣除的所得税费用。本项目应根据“所得税费用”科目发生额分析填列。

(15)“净利润”项目，反映企业实现的净利润。如为亏损，本项目以“-”号填列。

(16)“每股收益”项目，包括基本每股收益和稀释每股收益两项指标，反映普通股或潜在普通股已公开交易的企业，以及正处在公开发行普通股和潜在普通股过程中的企业的每股收益信息。

(17)“其他综合收益的税后净额”项目，反映企业根据企业会计准则规定未在损益中确认的各项利得和损失，扣除所得税影响后的净额。

(18)“综合收益总额”项目，反映企业净利润与其他综合收益的税后净额合计金额。

(二)“上期金额”栏的填列方法

“上期金额”栏应根据上年该期利润表本期金额栏内所列数字填列。如果上年该期利润表规定的各个项目的名称和内容同本期不一致，应对上年该期利润表各项目的名称和数字按本期的规定进行调整，填入利润表“上期金额”栏内。

五、举例说明

资产负债表最根本的目标就是如实反映企业在资产负债表日所拥有的资源，所承担的负债以及所有者拥有的权益。假设钦州鸿达公司2018年 8 月 31 日科目余额情况及 8 月发生业务情况如表 9－3 所示，利润情况如表 9－4 所示。

表 9－3　　**资产负债表**　　会小企 01 表

编制单位：钦州鸿达公司　　2018年 8 月　　单位：元

资产	行次	期末余额	年初余额	负债和所有者权益	行次	期末余额	年初余额
流动资产：				流动负债：			
货币资金	1	236 740	158 000	短期借款	31	55 000	5 000
短期投资	2			应付票据	32		
应收票据	3			应付账款	33	5 000	7 000
应收账款	4	22 400	6 000	预收账款	34		
预付账款	5			应付职工薪酬	35		
应收股利	6			应交税费	36	50 525	86 000
应收利息	7			应付利息	37	3 850	
其他应收款	8			应付利润	38		
存货	9	55 250	64 000	其他应付款	39		
其中：原材料	10			其他流动负债	40		
在产品	11			流动负债合计	41	114 375	98 000
库存商品	12			非流动负债：			
周转材料	13			长期借款	42		
其他流动资产	14			长期应付款	43		
流动资产合计	15	314 390	228 000	递延收益	44		
非流动资产：				其他非流动负债	45		
长期债券投资	16			非流动负债合计	46		
长期股权投资	17			负债合计	47		
固定资产	18	184 560	193 000				
减：累计折旧	19						
固定资产账面价值	20						

续表

资产	行次	期末余额	年初余额	负债和所有者权益	行次	期末余额	年初余额
在建工程	21						
工程物资	22						
固定资产清理	23						
生产性生物资产	24			所有者权益：			
无形资产	25			实收资本（或股本）	48	200 000	200 000
开发支出	26			资本公积	49	40 000	40 000
长期待摊费用	27			盈余公积	50	3 000	3 000
其他非流动资产	28			未分配利润	51	141 575	80 000
非流动资产合计	29	184 560	193 000	所有者权益合计	52	384 575	323 000
资产总计	30	498 950	421 000	负债和所有者权益总目	53	498 950	421 000

注：货币资金项目期末余额 = 1 600（库存现金）+235 140（银行存款）=236 740（元）。
存货项目期末余额 = 14 000（原材料）+4 750（生产成本）+36 500（库存商品）=55 250（元）。
固定资产期末余额 = 223 000（固定资产）－38 440（累计折旧）=184 560（元）。
未分配利润期末余额 = 80 000（利润分配——未分配利润）+61 575（本年利润）=141 575（元）。
货币资金项目期初余额 = 2 000（库存现金）+156 000（银行存款）=158 000（元）。
存货项目期初余额 = 44 000（原材料）+6 000（生产成本）+14 000（库存商品）=64 000（元）。
固定资产期初余额 = 223 000（固定资产）－30 000（累计折旧）=193 000（元）。

表 9－4　　利润表　　会小企 02 表

编制单位：钦州鸿达公司　　2018年8月　　单位：元

项目	行次	本年累计金额	本月金额
一、营业收入	1	600 000	
减：营业成本	2	300 000	
税金及附加	3	176 250	
其中：消费税	4		
营业税	5		
城市维护建设税	6		
资源税	7		
土地增值税	8		
城镇土地使用税、房产税、车船税、印花税	9		
教育附加费、矿产源源补偿费、排污费	10		

续表

项目	行次	本年累计金额	本月金额
销售费用	11	16 400	
其中：商品维修费	12		
广告费和业务宣传费	13		
管理费用	14	21 400	
其中：开办费	15		
业务招待费	16		
研究费用	17		
财务费用	18	3 850	
其中：利息费用（收入“－”号填列）	19		
加：投资利益（损失以“－”号填列）	20		
二、营业利润（亏损以“－”号填列）	21	82 100	
加：营业外收入	22		
其中：政府补助	23		
减：营业外支出	24		
其中：坏账损失	25		
无法收回的长期债券投资损失	26		
无法收回的长期股权投资损失	27		
自然灾害等不可抗力因素造成的损失	28		
税收滞纳金	29		
三、利润总额（亏损总额以“－”号填列）	30	82 100	
减：所得税费用	31	20 525	
四、净利润（净亏损以“－”号填列）	32	61 575	

第十章 会计账务处理程序

第一节 账务处理程序概述

所谓会计账务处理程序，也称会计核算组织程序或会计核算形式，指会计凭证、会计账簿、财务报表相结合的方式。该程序包括会计凭证和账簿的种类、格式，会计凭证与账簿之间的联系方法，由原始凭证到编制记账凭证、登记明细账和总分类账、编制财务报表的工作程序和方法等。

会计账务处理程序主要包括两部分内容：第一，建立会计凭证、账簿和报表体系。其中凭证组织是会计凭证的种类、格式及各种凭证之间的关系；账簿组织是指会计账簿的种类、格式及各种账簿之间的关系；报表组织是指会计报表的种类、格式及各种报表之间的关系。凭证组织、账簿组织、报表组织构成了一个完整的体系，其核心是账簿组织。第二，记账程序是指从会计凭证的取得、填制到账簿的登记，再到财务报表的编制这一整个过程的具体步骤。

在会计实践中，不同的账簿组织、记账程序、记账方法及其结合方式，形成了不同种类的账务处理程序。在我国，常用的账务处理主要有记账凭证账务处理程序、汇总记账凭证账务处理程序和科目汇总表账务处理程序。这三种账务处理有很多的共同点，其主要区别表现在登记总账的依据和方法不同。

第二节 记账凭证账务处理程序

一、记账凭证账务处理程序的特点

记账凭证账务处理程序是指对发生的经济业务事项，都要根据原始凭证或汇总原始凭证编制记账凭证，然后直接根据记账凭证登记总分类账的一种账务处理程序。

记账凭证账务处理程序的特点是直接根据记账凭证逐笔登记总分类账。它是最基本的账务处理程序，其他各种会计核算形式都是在此基础上发展而形成的。

在记账凭证账务处理程序下，记账凭证可以是通用记账凭证，也可分设收款凭证、付款凭证和转账凭证等专用记账凭证；需要设置的账簿一般有现金日记账、银行存款日记账、总分类账和各种明细账。日记账和总分类账一般采用三栏式格式，明细分类账的格式根据管理需要，可采用三栏式、多栏式、数量金额式和横线登记式。

二、记账凭证账务处理程序的步骤

（1）根据原始凭证编制汇总原始凭证。

（2）根据各种原始凭证或汇总原始凭证编制收款凭证、付款凭证和转账凭证。

（3）根据收款凭证、付款凭证逐笔登记现金日记账和银行存款日记账。

（4）根据原始凭证、汇总原始凭证和记账凭证登记各种明细分类账。

（5）根据记账凭证逐笔登记总分类账。

（6）期末，将现金日记账、银行存款日记账的余额，以及各种明细分类账的余额与总分类账的有关账户余额核对相符。

（7）期末，根据总分类账和明细分类账的记录编制财务报表。

记账凭证账务处理程序的步骤如图 10－1 所示。

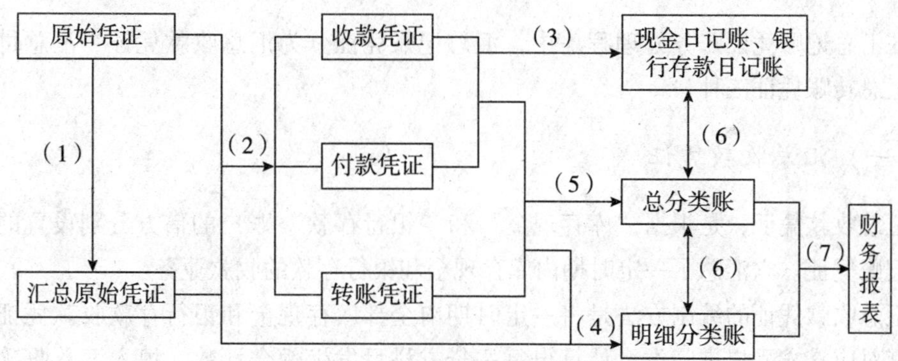

图 10－1　记账凭证账务处理程序的步骤

三、记账凭证账务处理程序的优缺点及适用范围

记账凭证账务处理程序的优点：记账程序简单明了，易于理解，总分类账可以详细反映经济业务的发生情况。

记账凭证账务处理程序的缺点：登记总分类账的工作量比较大。

记账凭证账务处理程序的适用范围：只适用于规模较小，经济业务量较少的单位。

第三节 汇总记账凭证账务处理程序

一、汇总记账凭证账务处理程序的特点

汇总记账凭证账务处理程序，它是首先定期将所有记账凭证分类编制汇总收款凭证、汇总付款凭证和汇总转账凭证，然后根据汇总记账凭证登记总分类账的一种账务处理程序。

汇总记账凭证账务处理程序的特点是定期将所有的记账凭证编制成汇总记账凭证，然后根据汇总记账凭证登记总分类账。

在汇总记账凭证账务处理程序下，除设置收款凭证、付款凭证和转账凭证等专用记账凭证外，还需要设置汇总收款凭证、汇总付款凭证和汇总转账凭证；需要设置的账簿一般有现金日记账、银行存款日记账、总分类账和各种明细账。日记账和总分类账一般采用三栏式格式，明细分类账的格式根据管理需要，可采用三栏式、多栏式、数量金额式和横线登记式。

二、汇总记账凭证的编制方法

在汇总记账凭证账务处理程序中，汇总记账凭证分为汇总收款凭证、汇总付款凭证和汇总转账凭证三种。

（一）汇总收款凭证

汇总收款凭证，是根据“库存现金”和“银行存款”账户的借方分别设置的一种汇总记账凭证。它汇总了一定时期内库存现金和银行存款的收款业务。

汇总收款凭证的编制方法是将一定时期内全部库存现金和银行存款收款凭证，分别按其对应贷方账户进归类，计算出每一贷方科目发生额合计数，填入汇总收款凭证中。一般可5天、10天或15天汇总一次，月终计算出合计数，据以登记总分类账。汇总收款凭证的格式如表10－1所示。

表10－1 汇总收款凭证

借方账户：　　　　年　月　　　　汇收第　号

贷方账户	金额				总账页数	
	1日至10日 收款凭证 第 号至第 号	11日至20日 收款凭证 第 号至第 号	21日至31日 收款凭证 第 号至第 号	合计	借方	贷方

续表

贷方账户	金额			总账页数		
	1日至10日 收款凭证 第 号至第 号	11日至20日 收款凭证 第 号至第 号	21日至31日 收款凭证 第 号至第 号	合计	借方	贷方
合计						

（二）汇总付款凭证

汇总付款凭证，是根据“库存现金”和“银行存款”账户的贷方分别设置的一种汇总记账凭证。它汇总了一定时期内库存现金和银行存款的付款业务。

汇总付款凭证的编制方法是将一定时期内全部库存现金和银行存款付款凭证，分别按其对应借方账户归类，计算出每一借方科目发生额合计数，填入汇总付款凭证中。一般可5天、10天或15天汇总一次，月终计算出合计数，据以登记总分类账。汇总付款凭证的格式如表10－2所示。

表10－2 汇总付款凭证

贷方账户： 年 月 汇付第 号

借方账户	金额			总账页数		
	1日至10日 付款凭证 第 号至第 号	11日至20日 付款凭证 第 号至第 号	21日至31日 付款凭证 第 号至第 号	合计	借方	贷方
合计						

（三）汇总转账凭证

汇总转账凭证，是根据一定时期的转账凭证按月汇总编制而成，它汇总了一定时期内的转账业务。由于转账凭证的借方与贷方均无规律性，因此，规定汇总转账凭证一律按转账凭证的贷方账户分别设置，并按其对应的借方账户加以归类、定期汇总。

汇总转账凭证的编制方法是将需要汇总的转账凭证，按其对应的借方账户进行归类，计算出每一个借方账户发生额合计数，填入汇总转账凭证。一般按5天或10天汇总一次，月末，根据计算出的每个借方账户发生额合计数，登记总分类账。汇总转账凭证的格式如表10－3所示。

表10－3 **汇总转账凭证**

贷方账户： 年 月 汇转第 号

借方账户	金额			总账页数		
	1日至10日 转账凭证 第 号至第 号	11日至20日 转账凭证 第 号至第 号	21日至31日 转账凭证 第 号至第 号	合计	借方	贷方
合计						

由于汇总转账凭证的账户对应关系是一个贷方账户与一个或几个借方账户相对应，因此，在汇总转账凭证账务处理程序中，为了便于编制汇总转账凭证，所有转账凭证也只能按一个贷方账户与一个或几个借方账户对应填制，不能填制一个借方账户与几个贷方账户对应的转账凭证。

编制完汇总记账凭证，据以登记总分类账，总分类账的登记在月终进行。根据汇总收款凭证的合计数，记入总分类账“库存现金”和“银行存款”账户的借方，以及有关账户的贷方；根据汇总付款凭证的合计数，记入总分类账户“库存现金”和“银行存款”账户的贷方，以及有关账户的借方；根据汇总转账凭证的合计数，记入总分类账户设置账户的贷方，以及有关账户的借方。

三、汇总记账凭证账务处理程序的步骤

（1）根据原始凭证编制汇总原始凭证。

（2）根据各种原始凭证或汇总原始凭证编制收款凭证、付款凭证和转账凭证。

（3）根据收款凭证、付款凭证逐笔登记现金日记账和银行存款日记账。

（4）根据原始凭证、汇总原始凭证和记账凭证登记各种明细分类账。

（5）根据各种记账凭证分别编制汇总收款凭证、汇总付款凭证和汇总转账凭证。

（6）根据汇总记账凭证登记总分类账。

(7) 期末，将现金日记账、银行存款日记账的余额，以及各种明细分类账的余额，分别与总分类账的有关账户余额核对相符。

(8) 期末，根据总分类账和明细分类账的记录编制财务报表。

汇总记账凭证账务处理程序的步骤，如图 10－2 所示。

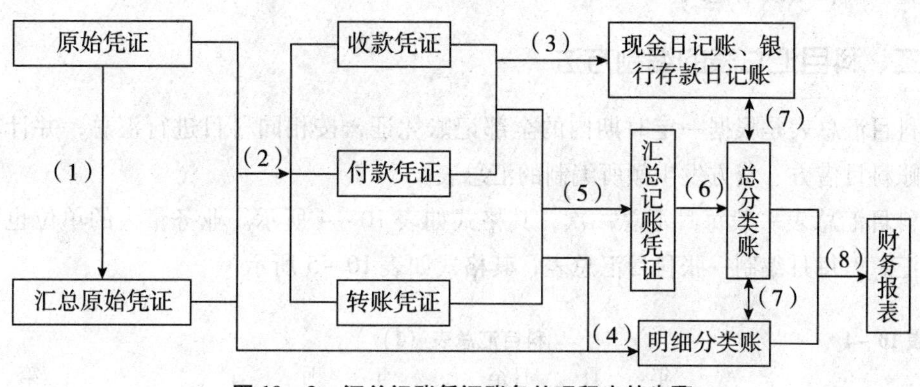

图 10－2　汇总记账凭证账务处理程序的步骤

四、汇总记账凭证账务处理程序的优缺点及适用范围

汇总记账凭证账务处理程序的优点：根据汇总记账凭证登记总分类账，从而减轻了登记总分类账的工作量；由于汇总记账凭证是根据一定时期的全部记账凭证，按照对应关系进行归类、汇总编制的，所以便于了解账户之间的对应关系，了解经济业务的来龙去脉。

汇总记账凭证账务处理程序的缺点：汇总记账凭证是按每一贷方账户设置，而不是按经济业务的性质归类、汇总，因而不利于会计日常分工；另外，当记账凭证较多时，编制汇总记账凭证的工作量较大。

汇总记账凭证账务处理程序的适用范围：通常适用于规模较大、经济业务量较多的单位。

第四节　科目汇总表账务处理程序

一、科目汇总表账务处理程序的特点

科目汇总表账务处理程序又称记账凭证汇总表账务处理程序，它是先定期将所有记账凭证汇总编制成科目汇总表，再根据科目汇总表登记总分类账的一种账务处理程序。

科目汇总表账务处理程序的特点是定期将所有的记账凭证编制成科目汇总表，然后根据科目汇总表登记总分类账。

在科目汇总表账务处理程序下，记账凭证可以是通用记账凭证，也可分设收款凭证、付款凭证和转账凭证等专用记账凭证，另外还需要设置科目汇总表；需要设置的账簿一般有现金日记账、银行存款日记账、总分类账和各种明细账。日记账和总分类账一般采用三栏式格式，明细分类账的格式根据管理需要，可采用三栏式、多栏式、数量金额式和横线登记式。

二、科目汇总表的编制方法

科目汇总表是根据一定时期内的全部记账凭证，按相同科目进行汇总，并计算每一总账科目借方、贷方发生额所编制的汇总表。

科目汇总表一般每月汇总一次，其格式如表 10－4 所示。业务量大的单位也可以按旬汇总，每月编制一张科目汇总表，其格式如表 10－5 所示。

表 10－4　　科目汇总表（1）

年　月　日至　年　月　日　　　第　号

会计科目	本期发生额		总账页数	记账凭证起讫号数
	借方	贷方		
合计				

表 10－5　　科目汇总表（2）

年　月

会计科目	1—10 日		11—20 日		21—31 日		合计		总账页数
	借方	贷方	借方	贷方	借方	贷方	借方	贷方	
合计									

科目汇总表的编制过程和方法如下。

首先，将汇总期内各项经济业务所涉及的会计科目填制在“会计科目”栏。为了便于登记总分类账，会计科目的排列顺序应与总分类账上的会计科目的顺序一致。

其次，根据汇总期内的全部记账凭证，按会计科目分别加总借方发生额和贷方发生额（可以采用“T”形账户汇总），并将其填列在相应会计科目行的“借方”栏和“贷方”栏。

最后，将汇总完毕的所有会计科目的借方发生额和贷方发生额汇总，进行发生额的试算平衡。

三、科目汇总表账务处理程序的步骤

（1）根据原始凭证编制汇总原始凭证。

（2）根据各种原始凭证或汇总原始凭证编制收款凭证、付款凭证和转账凭证。

（3）根据收款凭证、付款凭证逐笔登记现金日记账和银行存款日记账。

（4）根据原始凭证、汇总原始凭证和记账凭证登记各种明细分类账。

（5）根据各种记账凭证编制科目汇总表。

（6）根据科目汇总表登记总分类账。

（7）期末，将现金日记账、银行存款日记账的余额，以及各种明细分类账的余额，分别与总分类账的有关账户余额核对相符。

（8）期末，根据总分类账和明细分类账的记录编制财务报表。

科目汇总表账务处理程序的步骤，如图 10－3 所示。

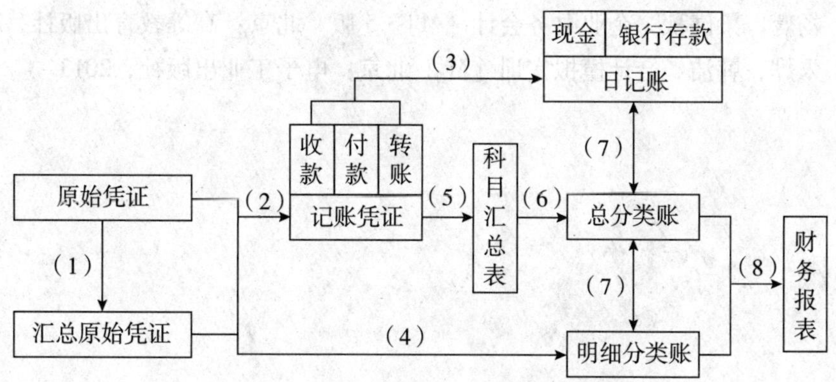

图 10－3　科目汇总表账务处理程序的步骤

四、科目汇总表账务处理程序的优缺点及适用范围

科目汇总表账务处理程序的优点：根据科目汇总表登记总分类账，从而减轻了登记总分类账的工作量，并且科目汇总表还具有试算平衡的作用。

科目汇总表账务处理程序的缺点：按照相同科目归类编制的科目汇总表只反映各科目的借方本期发生额和贷方本期发生额，不能反映账户的对应关系，不便于核对账目。

科目汇总表账务处理程序的适用范围：一般适用于业务量较多的单位。

参考文献

[1] 何德显，陈宇前，梁中强．基础会计 [M]. 北京：电子工业出版社，2013.

[2] 会计从业资格考试辅导教材编写组．会计基础 [M]. 北京：人民出版社，2016.

[3] 广西会计学会编写组．会计基础 [M]. 南宁：广西人民出版社，2012.

[4] 卜伟，侍颖辉，阳晓礼．基础会计 [M]. 上海：同济大学出版社，2019.

[5] 赵孝廉，周彦．企业财务会计 [M]. 北京：电子工业出版社，2012.

[6] 黄智高．会计基础与实训 [M]. 北京：中国人民大学出版社，2014.

[7] 于家臻．会计基础 [M]. 北京：电子工业出版社，2011.

[8] 杨蕊，梁健秋．企业财务会计 [M]·5版．北京：高等教育出版社，2018.

[9] 朱烨，韩洁．会计模拟实训 [M]. 北京：电子工业出版社，2013.